现代图书馆学研究概论

方 文 著

中国纺织出版社

图书在版编目（CIP）数据

现代图书馆学研究概论 / 方文著. —北京：中国纺织出版社，2019.1

ISBN 978-7-5180-4555-6

Ⅰ.①现… Ⅱ.①方… Ⅲ.①图书馆学 Ⅳ.①G250

中国版本图书馆 CIP 数据核字（2018）第 001257 号

责任编辑：汤 浩　　**责任印制：**储志伟

中国纺织出版社出版发行

地　址：北京市朝阳区百子湾东里 A407 号楼　**邮政编码：**100124

销售电话：010-67004422　**传真：**010-87155801

http://www.c-textilep.com

E-mail:faxing@c-textilep.com

中国纺织出版社天猫旗舰店

官方微博 http://weibo.com/2119887771

北京虎彩文化传播有限公司　各地新华书店经销

2019 年 1 月第 1 版 第 1 次印刷

开　本：889mm×1194mm　1/16　**印张：**10.5625

字　数：200 千字　**定价：**71.00 元

作者简介

方文，女，1958 年生，硕士，研究馆员。研究方向为图书馆学。现任山东行政学院信息技术部图书馆副馆长。对近年来图书馆学、高校图书馆管理、数字图书馆等方面的理论动态给予了关注和研究，发表学术论文《论提高行政学院决策咨询能力的图书馆支持》《论信息时代高校图书馆的智慧服务》《论 XML 在数字图书馆及电子阅览室中的应用》等 30 篇。

内容提要

本书基于现代图书馆学的角度，介绍了图书馆学研究工作所必需的基础知识和主要方法，并在此基础上，对图书馆研究领域的学术论文关键词的总体状况、高频关键词更新情况及排名顺序变化进行了统计分析，进而探讨出图书馆联盟资源共享的影响因素。同时，本书还分析了大数据环境下图书馆管理、服务等方面的变化，并指出了图书馆与大数据之间的关联，旨在为中国图书馆的建设和管理提供理论上的指导。

目 录

第一章　现代图书馆学实证研究方法

第一节　现代图书馆学实证研究方法应用现状

一、研究成果分布情况

（一）年代分布

本文选择中国知网（CNKI）数据库，选择高级搜索，主题限制“图书馆学”，关键词限制“实证研究”，时间范围确定在2000～2015年，共搜到124篇相关文献，去掉内容不相关与研究范围宽泛不具体的文章，最后剩余84篇（图1-1）。虽然有些图书馆学实证研究论文题目中并不含有“实证”或“图书馆”等关键词，不在搜索范围之内，但是这84篇文献具有很好的代表性，大都能够反映这一方法在图书馆学领域的应用和影响状况。

从检索的结果来看2000～2006年我国图书馆学实证研究学术论文在数量上变化不大，平均每年一到两篇，内容也都是范范的涉及部分图书馆学实证研究。表明当前实证研究在图书馆学论文总量上所占比重微乎其微。2007年全国第五届图书馆学会议顺利召开，会上重点强调了实证研究方法的重要性，之后图书馆学界的研究学者纷纷加入实证研究方法大军，仅2007年至2015年8年之间发表的论文数量是15年发文总量的88%，足见图书馆学界越来越重视实证研究。从图1-1上看，2011年至2014年有关图书馆学实证研究的论文发表达到顶峰。

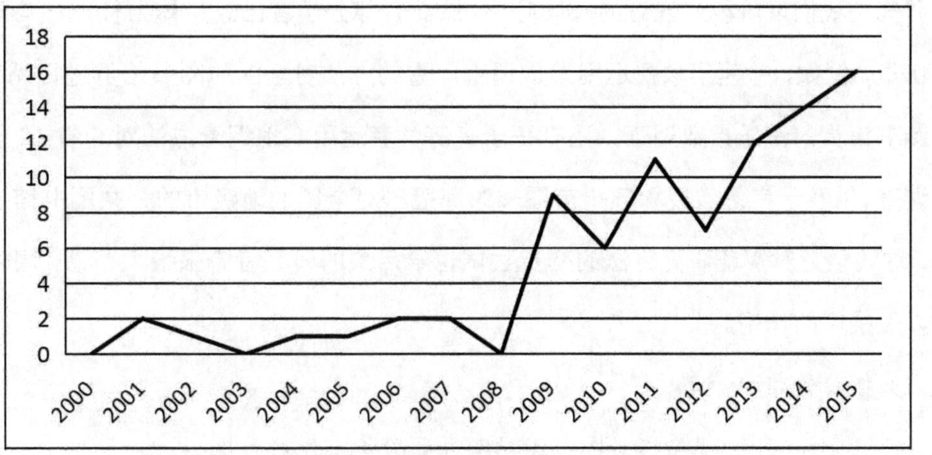

图1-1　图书馆学实证研究学术论文数量分布

虽然实证有关的论文发表数量不断提升，但相对图书馆学界其他研究课题、其他研究方法的论文数量相比，实证研究的论文还是明显不足。在我国实证研究的缺失有诸多原因。首先，我国有关图书馆学的研究开始于20世纪20～30年代，当时由于日本的侵略，使我们与西方图书馆学的研究成果受到了阻断。之后的10年、20年我国图书馆学研究几乎处于停止状态。在20世纪70年代初我们国家大胆引进芝加哥学派思想，但是在引进之初中国学者似乎对巴特勒所说的“理论”和“理论建设”产生了错误的理解，认为理论就是纯粹的理论思辨研究。在这之后又由于种种原因，我们国家学者又几次错过了芝加哥学派的改造，最终导致我国在图书馆学研究中近一个世纪没有接收到正规的、全面的西方图书馆学界的思想。导致我们国家大量的学者的研究方向偏理论，偏抽象，这恰恰与实证研究背道而驰。与此同时，我国学术界的风气又是偏向数量而不重视质量，然而实证研究又恰恰是需要进行大量的研究调查必须经过艰苦的劳动、勤恳的工作，才能获得真实的数据。实证研究体现的就是研究者求真务实，言之有据，反对主观臆断、信口开河。正是这样，导致大多数学者对类似实证研究这类费时间费精力而成果偏少的研究方法比较疏远。

2007年是图书馆学实证研究方法应用的转折之年，人们逐渐认识到经验的描述或者是思辨理论的进步都不能给图书馆学研究方法带来质的改变，研究学者在总结经验的同时越来越重视寻找新的研究方法，而实证研究从最开始的误导到现在逐渐走向人们的视野当中，研究者给予其更高的关注度，从而使实证研究得以发展进步。许多学者运用实证研究方法去研究自己的课题，通过社会实践、社会调查得出参考数据，然后对调查数据仔细分析，得出结论，这样的研究方法就避免了自唱自恋的研究模式，使研究结果有据可依。

全国图书馆学会议召开以来，实证研究就被推上历史舞台，把实证作为提高图书馆学研究水平的重要方法，并且视实证研究方法为改善图书馆学研究困境的有力帮手，所以努力推广实证研究是我们现阶段研究者的共同呼声。然而有部分学者已经身体力行地参与到实证研究的队伍里，例如，徐建华教授运用发放调查问卷的方法对全国的图书馆员进行调查，开展对当代图书馆员的快乐指数调查。还有王子舟等学者运用实地调查方法对5省10县的图书馆进行调查，以及于良芝教授和苏州市图书馆邱冠华对全国的地级市的公共图书馆进行的访谈调查，这些学者对实证研究方法的初步尝试也给后来的研究者带来很大帮助，同时也起到了鼓励以及推广的作用。

（二）作者分布

表1-1　图书馆学实证研究论文作者分析

作者人数	1	2	3	4
合计人数	50	41	20	9
百分比	42%	34%	17%	7%

由表 1-1 可见，与图书馆学实证研究相关的论文发表，运用实证研究方法需要人力物力给予支撑，细细总结不难发现，合作类的文章大多有关于运用实证研究方法做调查问卷或者是实地考察，一些涉及广泛的调查对象就更要花费大量时间、精力。然而由一个人单独发表的论文偏向理论，以哲学思辨类文章、统计分析类文章和研究综述类文章居多。在图书馆学实证研究调查中，研究者不仅要完成调查之前的大量准备工作，还要在实际的调查中不断地修改完善自己的调查方式及调查内容，收集数据之后要根据所获得数据进行筛选整理，统计分析，最终得出结论，这个过程需要经费，时间等调查以外的因素组成，所以在实证研究领域，多作者合作是很容易见到的情形。然而理论思辨类文章的产生也是建立在实证调查结果之上的，倘若没有实在地进行研究调查，又何来的理论总结、未来发展趋势、未来研究方向。

在图书馆学实证研领域，南开大学的徐建华教授的地位可算得上首屈一指，纵观徐建华教授发表的与实证有关的论文中全部是合作发表，而却作为实证研究的领军人，大力推广实证研究中的调查问卷法的方法，2006 年徐建华教授就“图书馆员快乐指数”设计问卷并向全国发放，做一次有史以来调查范围最广、调查力度最大的实证研究。武汉大学的邱均平教授在图书馆学实证研究领域发表论文共 4 篇，也全部是合作完成。其中一篇是以情报学、图书馆学为例，对论文同被引实证计量研究。这是继问卷调查之后运用收集数据然后建立模型对数据进行分析，运用的是统计资源调查的实证研究方法。

2001 年赵一丹单独发表论文，呼吁图书情报学研究要讲究规范与方法。本文是思辨性实证研究方法的代表，文中寻找许多不规范的研究方法，并在之后对情报学研究方法中应该注意哪些细节，遵守哪些规定做了详细解说。

邱武芳独立发表一篇呼吁性文章《中国图书馆学应该进一步弘扬实证研究》。文章通过叙述我国现阶段图书馆学实证研究的不足以及实证研究的重要性，来鼓励图书馆学研究人员应该注重实证研究方法。

综合以上四位在图书馆学实证研究的学者们所发表的论文总类我们可以粗略地了解到，实证研究方法可行性大小与实证研究方法在图书馆学研究方法中的重要地位。对于实证研究方法的运用我国学者还是处于简单的问卷方法或者仅是几位资深的学者敢于发言，而多数从事图书馆学研究工作的学者等待引路人的出现，而不去勇敢开拓。如果我们每位学者可以拿出积极心态，努力开拓，那我们的图书馆事业一定会蒸蒸日上。

（三）期刊分布

表 1-2 期刊分布

期刊名称	图书情报工作	中国图书馆学报	图书馆学研究	图书馆论坛	图书馆	图书与情报	图书馆情报	情报资料工作
发文量（篇）	9	9	8	7	7	7	6	6
所占比例(%)	0.15	0.15	0.14	0.12	0.12	0.12	0.1	0.1

如表 1-2 可见，对发表论文期刊进行统计，在所有期刊中发表与图书馆实证研究有关论文篇数超过 6 篇的有这 8 个期刊，同时也统计了这 8 个期刊 2000～2015 年每个期刊有关实证研究的发文总量，然后用实证研究发文数量比发文总量得到实证所占的比例，进而分析实证研究情况。

从上述数据看，《图书情报工作》刊物出版有关实证研究的论文数量最多。但是从发文比例来看《图书情报知识》最高，几乎达到发文量的一半。这个比例的大小直接印证了出版社在选择发表内容上的倾向性，2007 年之后，实证研究被推上历史舞台，大家逐渐认识到实证的重要性，所以部分出版社随之有倾向性地偏爱实证研究也不足为奇。在我国图书馆学界有两大权威期刊，它们几乎占据了图书馆学界的半壁江山——《中国图书馆学报》和《大学图书馆学报》，要想深入了解图书馆学界风向，不可不对这两个刊物做调查。

《中国图书馆学报》15 年间，论文共发表 2084 篇，这其中涉及图书馆学研究方法 134 篇，其中有关于图书馆学实证研究的文章一共有 32 篇，实证研究占总的研究方法类文章 25%；《大学图书馆学报》15 年间，论文共发表 2680 篇，其中与图书馆学研究方法有关的文章占 108 篇，这其中实证研究方法占 43%。虽然这样的粗略统计不能全面代表图书馆学的研究方向，但是在图书馆学界这两本期刊可以以小见大，代表我国现阶段图书馆学的研究方向。从比例上看我国现阶段还是缺乏有关实证研究类的论文，尤其是证明一项结论的时候，我们更应该首选实证研究方法，因为它是一种很好的论证方式，用事实说话，获得的结论不容置疑。

（四）主题分布

表 1-3 主题分布

主题	文献计量	信息资源建设	用户研究	图书馆服务	图书馆教育与培训	图书馆职业研究	其他
篇数	74	8	7	4	7	9	5
比例	65%	7%	6%	3.5%	6%	7.5%	4%

1. 文献计量

文献计量本是图书馆学实证研究方法中的重要研究方法，但是在统计文章主题时，由于主题过于分散不能清晰统计出来，所以参考徐建华和俞碧赐的分类方式将文献计量暂且分为主题类别。文献计量是通过对现有文献进行统计进而分析文献的历史以及现状，从而实现对学术成果的分析与评价。大部分综述类文章和评价类文章都是属于这类主题当中。例如，叶飞、宋志强和李志明 2011 年对实证研究方法在图书馆学中的应用情况进行分析；刘宇、叶继元和袁锡林对中国的图书馆学实证研究缺失做出理论性评价；徐建华和俞碧赐对规范化图书馆学实证研究做出的倡导等。赵安的《关于图书馆学实证研究的新思考》是在众多综述类文章中具有独特视角的一篇文章，它把实证研究方法分为应用性与实践性进行分类统计，真实准确地指出现阶段我国图书馆学实证研究中的不足。

2. 信息资源建设

伴随着我国图书馆技术的不断发展，我们对图书馆的服务理念以及服务宗旨也发生了很大改变。信息资源类主题研究占所有主题研究中的 7%。当下，信息资源共享已经是所有图书馆人共同信奉的理念，并始终坚持努力完美呈现。信息的资源共享可以使图书馆与读者之间减少沟通障碍，为图书馆不重复购买图书省下一大笔费用，可以满足更多的读者而购买更有价值的资料，使图书馆的馆藏整齐化、合理化。

以信息资源建设为主题的实证研究类文章共有 8 篇，明显少于文献计量。信息资源建设类主题文章主要涉及的是数字信息资源的利用与评价、数字馆藏建设、图书馆网站的建设和信息资源的使用与发展。例如，张荣耀提出以实证研究的手段研究从国外的网络信息资源中寻求可利用的信息，以便于我们自己建设网络信息资源。

3. 用户研究

图书馆是为用户所存在的，图书馆的一切工作最终目的是满足用户自身教学科研工作中对文献信息不同层面的需求。用户研究主题占所有研究主题的 6%，说明在实证研究中以用户信息为主题的研究内容屈指可数，然而图书馆生存的意义就是能满足用户需求，图书馆都不能背弃服务这一图书馆的根本属性。现代意义上的图书馆的本质在于为用户提供满足其需求的多种多样的服务，最大限度地满足用户对文献、信息和知识的需求。用户需求的满足是图书馆一切工作的最高法则。因此用户满意度是评价的一个根本问题。图书馆评价的核心是服务质量的评价，服务质量评价的核心是用户满意度评价，否则图书馆的好与不好就失去了其本质意义。如果用户评价是不满意的，则图书馆服务做得再努力再辛苦，我们都要质疑其价值。

所以在实证研究中，用户研究一直都是重要议题。这部分的调查研究主要针对各个群体对信息的需求、对信息种类的偏好、对信息的获取方式、对图书馆工作的评价、对图书馆改善的建议等。再好的理念、思想和理论，都要应用于实践，指导实践活动。研究对象涉及工人、农民、教师、学生、市民等社会各个群体。这其中针对老师、同学的研究最为多样。比如胡杨玲对我国深圳市青年农民工对图书馆的使用度以及对图书馆的消费行为进行了实证分析，调查的结果显示，影响农民工青年对图书馆的消费变量有很多，大致有性别、工作单位、工资水平、家庭教育、社会阶层以及来深圳工作时间等。图书馆服务要以用户需求为中心，图书馆学研究也要针对用户进行大面积、深层次的调查研究，才能保证我们图书馆服务的高质量高水平进行。

4. 图书馆服务

图书馆必须重新审视图书馆的服务质量问题，因地制宜调查和研究用户对图书馆的真正需求是什么，分析研究用户对图书馆的认知和期望，从用户的需求出发，建立能真正反映用户对图书馆需求与期望的评价指标和评价方法。能够通过评价，发现图书馆服务中的不足和差距，分析存在的问题和可能的原因，提出相对的解决政策，并切实在今后的工作中加以改进和不断地完善。

多数的图书馆服务是针对图书馆的现状以及图书馆内部馆员的服务，还有就是对图书馆建设的评价。如今的图书馆服务在之前的传统服务之外，网络化服务也逐渐被大家应用，渐渐成为这个领域的热点，用户大多数也会选择在线服务。网络兴起的今天许多学者也选择了利用与网络调查的方式，对各种类型的图书馆开展网络咨询等网上的服务调查。如黄慧薇曾经对我国的657所高校进行调查，调查每个学校的网络服务质量，并分析总结了我国现阶段网络服务的特点和不足。我们鼓励图书馆学研究者运用实证研究方法对图书馆的问题进行研究，这样才能为图书馆的发展奠定坚实基础。

5. 图书馆教育与培训

随着群众生活水平的逐渐提高，对渴望提升精神高度，对知识的获取，对读书重要性的重新认识，图书馆的地位自然上升到一定高度，所以许多省市、地方对图书馆重新翻修改造，现代化的搜索方法、干净整洁的阅读环境，不仅提升硬件设施标准，而且对新老图书馆的工作人员进行重新的培训与教育。然而在图书馆学实证研究主题中类似主题仅占6%，这说明我国研究学者还没有充分重视到这一主题的实际意义。

孙瑞华就新环境下提出图书馆工作人员的培训与继续教育属文。文章指出，图书馆员需要提升个人的核心素质和主体素质，即思想道德素质和基本文化素质。提倡图书馆管理人员应该定期举行短期的专业培训，请专家讲座等来充分提升馆员素质。

周素芳等学者曾经对湖南省株潭的8所学校的图书馆进行调查，调查发现，学生之间阅读差异与年级有关，与性别有关等。他们发现当代的大学对学生有关于图书馆的教育与培育几乎没有，这种缺失导致了我们的学生没有合理地使用图书馆，以至于我们高校的图书馆对于大部分学生来说如同摆设，没有价值。他们鼓励图书馆管理人员和从业人员重视这一问题，加强对高校学生的引导与培养。

6.图书馆职业研究

有关于图书馆职业研究的主题文章占所有主题的9%，这一研究主题突出图书馆员的重要作用，以及我国现阶段对图书馆从业人员的重视程度。图书馆职业，提到职业，就象征着规范、标准、制度等要求。作为图书馆的工作人员自然也就有属于他们的行业要求。在我们国家图书馆的工作者许多并非专业出身，他们大多是下岗再就业人员或者高校教师的家属等一些没有经过图书馆学教育的社会人员。然而这些便是制约我国图书馆学进步的主要因素，导致我国的图书馆员职业化道路与西方发达国家大相径庭。

图书馆职业是一门专注研究怎样能更好地服务于图书馆使用人员，从业人员需要有一定的专业知识、专业思维以及对这个专业的热情。彭斐章和彭敏惠曾就图书馆员职业研究发表过一篇文章，文章从两方面指出我国现阶段图书馆员的职业特点、图书馆事物的筹备以及图书馆工作的开展，还有就是图书馆员的职业化研究，进而与西方的图书馆职业化道路进行比较分析，从中找差异，提出改善方法。

7.其他

研究调查中发现还有一些文章的主题较分散，例如，企业竞争情报、图书馆事业、政府信息化公开、图情博客等，因为每一主题的研究成果数量不多，没有具体化分为一类主题，但是在此我们提出这些主题的研究，就是想证实，我国现如今的图书馆学实证研究已经深入许多领域。这些主题当中不乏具有学科的代表性。各主题分析各有特色，能很好地说明在主题研究中，实证研究还是具有多样性的。

（五）论文被引用次数

论文被引用次数是一个特别客观的评价指标，通过被引用次数我们可以发现图书馆学实证研究的受重视程度、实证研究趋势、作者的影响力以及在科学交流中的作用和地位。本文统计中国知网2000～2015年的论文，发表至今被引用超过25次的文献共有9篇，详细情况见表1-4。

表 1-4　论文被引用次数

论文题目	作者	期刊名声	所用方法	发表时间	被引用次数
学术博客交流网络的核心——边缘结构分析实证研究	张玥、朱庆华	图书情报工作	网络调查	2009	43
基于 CSSCI 的论文同被引用实证计量研究——以图书馆、情报学为例	马瑞敏、邱均平	图书情报知识	文献计量	2005	38
中国图书馆学应进一步弘扬实证研究	邱五芳	中国图书馆学报	文献计量	2008	36
图书馆用户需求生态服务系统研究	毛刚	吉林大学	用户研究	2013	35
我们 15 年来心理障碍阅读干预研究评述	卢胜利	大学图书馆学报	问卷调查	2007	30
虚拟现实技术在数字图书馆的应用研究	陆颖隽	武汉大学	文献计量	2013	29
我国图书情报界云计算研究述评	张正禄	国家图书馆学刊	文献计量	2010	29
内容分析法在图书馆学中的应用研究	罗金赠	华东师范大学	内容分析	2001	25
社会网络分析方法在图情领域合著关系的实证研究	荣先乾	图书馆界	社会网络分析	2010	25

论文的引用具有一定的时效性，一般发表 3 年左右，论文引用量达到高峰。从上表看，高引用率的论文中 2010 年、2013 年的论文数量最多。然后从论文研究方法来看，文献计量和问卷调查的相关研究被引用论文最多。这说明这两种方法发展的都比较成熟，广泛地被应用。从表中可以看到我国实证研究方法文献计量使用频率极高，说明我们处在实证研究的理论思辨阶段，大部分研究学者采用文献综述、实证研究评价的方式来表达他们对实证研究的贡献。

张明、朱庆华发表的《学术博客交流网络的核心——边缘结构分析实证研究》是 2015

年来被引用频率最高的论文。该篇文章以图书馆学和情报学领域的博客为研究对象，从沟通和交流的角度寻找图书馆学学者之间关系，并勾画出学者之间交流网的结构。通过社会网络分析中的核心方法——边缘分析方法来界定虚拟群落、来描述群体结构、分析此群体中成员彼此关系，再通过可视化的研究方法对群体结构进行展示并且对结构的形成进行深入分析，表明对博客学术交流网络的特点以及结构进行把握的同时可以改善交流网络的结构，可以促进科研人员之间的学术交流和科研信息的沟通。

二、实证方法应用类别

（一）理论分析法

理论分析是对研究对象按照一定的研究范式进行深入分析，大多采用理论的思辨方法来分析对象的特点特征，它是一切方法论的基础，起着决定性和指导性作用。理论分析法是研究方法中最容易被研究使用的方法，因为一切调查研究应以理论为基础，在有一定的理论基础之后，再进行实践的调查研究。

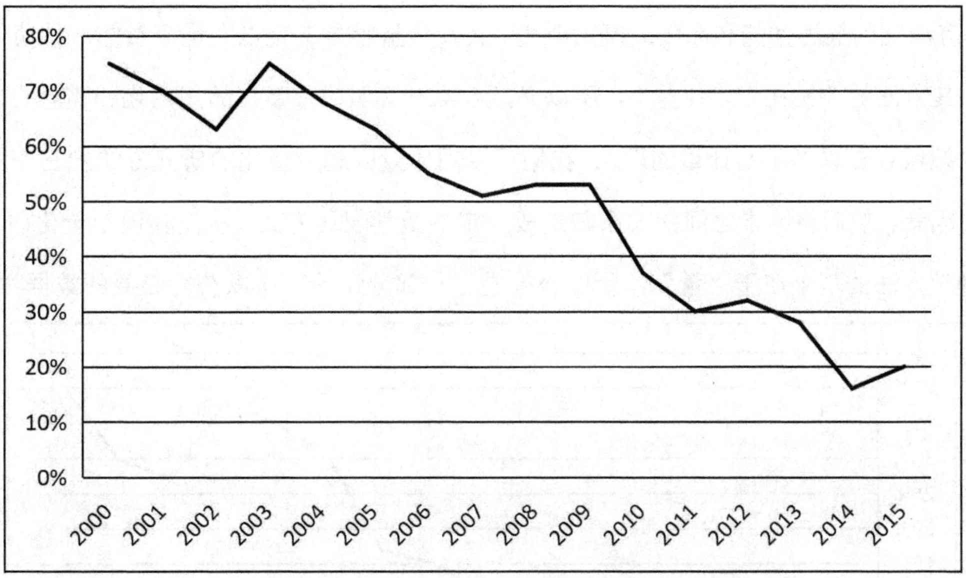

图 1-2　理论分析法历年所占比重变化图

在我国图书馆学实证研究中，理论分析法所占的比重最大，可算得上是独霸天下。由图 1-2 可知，2002 年到 2003 年有一段短期的增长。之后，各年理论分析方法的使用波动性下降，在 2007 年之后我们发现理论分析下降速度明显加快，这说明第五次全国性图书馆学会议对图书馆学实证研究的重视，大力宣传，提倡实证研究，要丰富实证研究方法，强调深入调查，运用实际的调查手段收集调查数据。所以从各年的研究趋势不难发现实证研究方法中运用理论分析方法的比率逐年下降，这也不难发现研究者在研究方法上开始发生转变，从最初的理论研究逐渐转向其他的研究方法。这是图书馆学实证研究的研究方法发生变化的最初表现，研究者逐渐认识实证研究，并身体力行地去把所认识到的方法运用到实证研究中去。

（二）文献计量法

最早对文献进行现代化计量研究的一般认为是从 1917 的文献学家科尔和伊尔斯在《科学进展》杂志上对 1543～1860 年有关比较解剖学的出版物进行统计分析开始的，从而开创了书目计量的先河。直到 1969 年英国著名的情报学家普理查德正式提出了“文献计量”学这一术语，以取代当时已有 47 年历史却很少使用的“统计书目学”，此举也很快得到了图书馆学的普遍认可，文献计量学正式诞生。经过近 90 年的发展，文献计量学已经发展成为一门独立的分支学科，并由此产生了一种很重要的方法——文献计量学方法。

文献计量学是用定量的方法研究文献计量规律的科学。文献计量学是以几个经验定律为基础建立起来的，这几个经验定律构成了文献计量学的核心，是其最基本的内容。文献计量学方法是对文献工作进行定量研究的方法，他采用数学语言进行定量分析，其对规律的表现是数学公式或图形，对问题的陈述及计算都采用简明的数学符号，从而简化和加速了思维过程，具有深刻的描述性能和高度的概括能力。文献计量学方法是以大量流量的统计资料为依据的，其方法的关键在于“计量”，所以必须建立一套具有“量”的规范化的概念，但在图书情报领域存在许多不易计量的现象，我们可以用质量问题数量化的研究方法把它变成可以计量的因素，然后将因素之间的关系归纳成一定的数学表达方式，从而实现定量化研究。文献计量学方法的基础在于“量”，所以必须进行一部分统计工作以获得必要的数据。

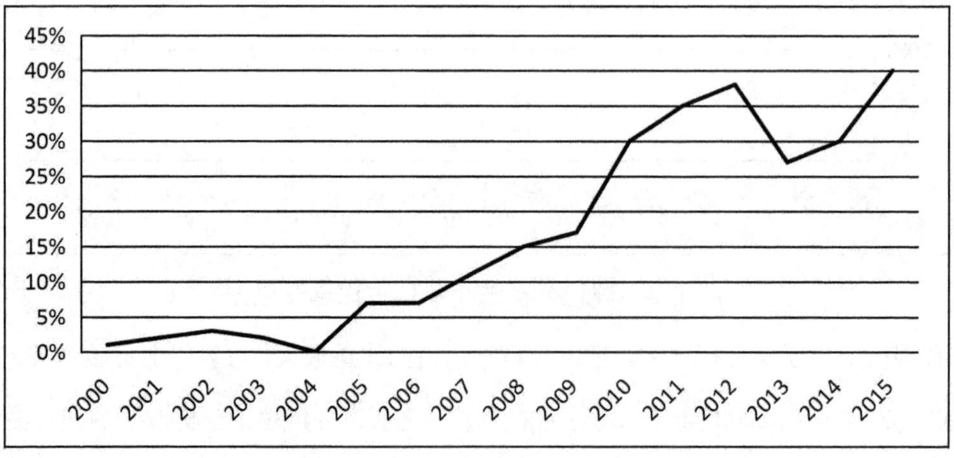

图 1-3　文献计量法历年所占比重变化图

由图 1-3 可知文献计量方法的使用是逐年递增的，尤其是在 2009 年到 2012 年这 4 年的增长幅度最大。在 2013 年、2014 年文献计量方法出现短期的数量上的下降，通过整体的观察发现，因为这两年的调查研究方法应用较多。文献计量的广泛使用也是有一定原因的。首先文献计量资料收集简单方便，统计起来节约时间。其次文献计量可以很好地表达和证明研究者的学术观点。文献计量还可以通过数学模型的方法总结实证规律，为今后的研究学者奠基铺路。而且文献计量学是在数学、统计学和文献学理论三者基础上综合起来的，其中任何一个均是文献计量学的必要条件，却不是充分条件。只有把三者有机地结合到一起，才能显示描述文献数量关系的力量。因此，文献计量学进行大量的统计，确实有所不同。

（三）调查方法

调查法是从社会学中借用过来的研究方法。在社会科学中，它是用来搜集并分析有关社会现象、事件、趋势等实地调查资料的方法。作为图书馆学实证研究的一种方法，调查法是用来搜集原始资料的并进行分析研究的工具，主要可用于调查图书馆学研究工作者和读者对图书馆学各方面的态度、感受、动机以及图书馆学实证研究工作中发生的事件现象等事实资料，来描述实证研究工作的现状，揭示图书馆学实证研究事业的规律性。

调查法可以深入人的内心世界，以体察到人们拥护什么、支持什么、反对什么。它可以搜集到有关人们的心理资料，反映他们的愿望、要求和建议，所以调查法有较深刻的洞察力。调查法分析的调查结果，既可以是定性的，也可以是定量的，得出的认识，不但能确定现状，而且对未来的发展变化也有一定的预测能力。调查法在图书馆学实证研究中应用十分广泛。

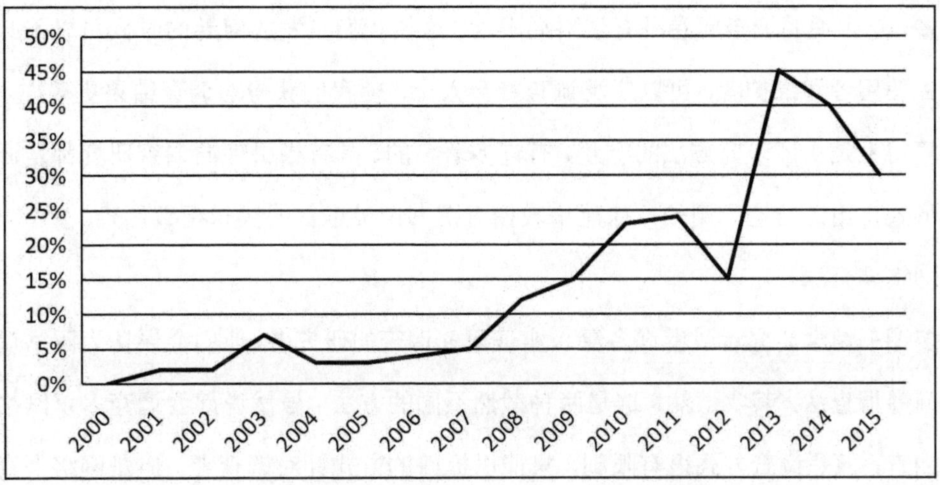

图 1-4　调查方法历年所占比例变化图

由图 1-4 可知，调查方法在实证研究中的使用呈逐年上升的趋势。在 2013 年出现短暂的使用高峰，这是实证研究的一种利好趋势，表明越来越多的学者在研究过程中选择调查法进行问题研究。调查法相对于上面的方法说服力强，本着客观调查这一原则，能够准确地搜集到第一手资料。调查方法的兴起是图书馆学界的一大幸事，因为这说明我们国家的图书馆学实政研究真正地迈向光明道路，只有进行深入的调查，才能使我们得到的数据具有强大的说服力。调查法包括问卷调查、网络调查、实地调查、访谈调查等，这其中问卷调查和网络调查的使用最为频繁。下面我们就各种调查方法展开实际讨论。

1. 问卷调查法

问卷调查，是由调查者事先拟订一套比较科学的问卷，让被调查者回答的调查类型。根据问题的回答方式又可分为开放式问卷和封闭式问卷。开放式问卷是指只提出问题，答案可由被调查者自由做出；封闭式问卷是不仅提出问题，而且由调查者拟好几个答案，由被调查者选择回答。

刘泳英等学者对拥有专业认知的未来职业者进行问卷调查，将对专业认知的限定，以及假设拥有专业认知的未来职业者对图书馆员的刻板印象有影响作为问卷问题的提出依据。结果表明拥有专业认知的未来职业者对图书管理员的印象亲近，不会觉着刻板的图书馆工作者难以接近。但是大部分拥有专业认知的未来职业者认为图书馆工作复杂难做，舒适感差，工作兴趣不高等。

在图书馆学实证研究方法调查法中问卷调查法应用最为广泛，论文发文数量几乎占据了50%，这说明一些道理，问卷调查可以用最小的成本做最大范围的调查，在调查过程中可以充分了解调查对象的情况，而且可以大大减少工作量，从而更加节约时间，节约经费。运用调查问卷的方法来进行实证研究，调查的结果可信度高，使用调查问卷形式作为研究方式的学科很多，这也说明调查问卷没有学科局限性。这使我们在发放问卷的时候可以不必只针对图书馆的使用者和维护者，可以广泛调查社会人士，使我们获得的调查结果更多样。问卷调查可以算得上是实证研究方法的宠儿，有许多著名的、具有指引性的调查研究都是通过问卷调查的形式得出的结论。例如，徐建华教授对图书馆员进行的快乐指数调查。

2. 网络调查法

许多图书馆学研究者或者许多深入实证研究调查的研究者，他们会误认为网络调查方法等同于问卷调查法，其实不然，这是两种截然不同的方法，虽然说问卷调查多以网络途径进行发放调查，但是调查方式很有限制，只能以提问的方式针对调查者。但是网络调查不仅如此。

网络技术提供了有效的进行调查推广和数据收集的手段，从而改变了调查方法。通过网络进行调查研究使得扩大研究范围、增加调查对象在成本和过程上都变得更有效了。因为这一过程中很少有人工干预，所以不存在数据录入成本，人工数据录入可能发生的错误实际上也被消除了。也不存在邮寄和印刷成本。调查回收的数据可以立即转变成表格并进行分析，一次网络调查的效率也是很高的。通过建立以用户为中心的图书馆服务质量评价指标和评价系统，并运用网络进行调查，图书馆就可以随时监控图书馆服务的状态，及时了解用户的需求和反应，为改进服务工作提供重要的参照和依据。

例如，2013年张荣超发表一篇《国外网络信息资源中文利用实证研究》利用网络搜集国外的信息资源中文利用，统计各种期刊的信息资源，利用互联网走向世界，获得更多的信息资源，对我们自身的图书馆学提升有很好的促进作用，给我们国家的图书馆学迈向国际地位做出了贡献。

3.实地调查法

即调查者直接参与被调查的工作和生活，以直接获得关于对象活动的全面资料的方法，我们常说的“蹲点”就是其中之一。许多图书情报学研究者或者图书馆学研究者或者图书馆工作的领导为了了解某一情况，研究某一问题，到某一部门工作一段时间，以直接搜集材料，就是参与调查方法的应用。

2015年刘济群发表了题为《研究对象在场：在图书情报学领域中引入参与式行动研究》的文章，这是一篇典型的通过实地调查参与的实证研究。这种方法明显减少了调查者与调查对象之间的距离，深入调查对象群体中去，使调查结果更真实，更具体。该篇文章指出参与式实践调查可以更好地促进我国图书馆学实证研究的发展，这种根植于实际参与调查的方法可以拉动调查人员的积极性，主动地深入调查这个过程中“在场”就是特别严格的要求，这种调查给研究人员一种很深的认同感，在调查过程当中会得到很多不一样的体会，对之后的分析总结工作有很大帮助。

4.访谈调查法

即通过有目的的谈话收集有关材料的一种调查类型。从被调查对象的人数多少来看可以分为个别访谈、小组交谈和座谈会；从交谈时有无调查表和调查大纲来看，又可分为结构性访谈和非结构性访谈；从接触方式来看，又可分为直接访谈和间接访谈。访谈方法的运用关键在于调查者对访谈对象的了解程度以及用什么样的方式进行研究对象的筛选。运用访谈法，调查者可以亲身与调查对象接触，对重点的调查对象进行详细的询问，尽可能多地获得所需要的信息。

例如，潘芳莲在2011年运用访谈法与调查法对样本进行调查分析。首先是运用问卷调查，通过调查结果来区分样本。其次针对一部分样本进行访谈调查，得出的数据再进行统计分析。最后得出图书馆人力资源开发和图书馆员的承诺与绩效研究具有很高的研究价值。

（四）比较法

比较事物的异同是人们认识事物最原始、最基本的方法，是理性认识的开端。比较法是指对同类事物进行对比，分析其相似点和差异点，从而判断其优劣的一种逻辑方法。客观事物之间总是存在着差异性和相似性，即存在现象上的相似和差异。这些相似的差异的存在，就是比较法赖以存在的基础。

在科学研究中，就是要努力在大致相同的事物中找到差异，又在差异很大的事物中找到其共同点，这就需要运用科学的比较方法分析事物的内部矛盾，比较矛盾的各个方面，把握事物之间的内部联系，揭示事物的本质，做出准确的推理和判断。爱因斯坦指出：知识不能单独从经验中得出，而只能从理智的发明与观察到的事实两者比较中得出。

科学研究中使用的比较法是一个独立的研究方法，也是许多研究方法中广泛采用的一种手段。比如，在历史研究法中要比较历史和社会背景，比较发展情况、比较历史人物的学术观点和思想等。在观察法和调查法中，要比较各种现象、事实、数量、质量等。在实证研究的每个阶段都可以运用比较法。比如，在确定研究课题，选择研究对象时，要用比较法寻找有代表性的典型；在搜集资料时，要通过比较发现问题，发现现象与想象之间的关联和相互作用，发现事物中的矛盾；在分析和整理资料时，要用比较法去鉴别资料的价值和可靠性，判断因果，揭露本质，概括出规律；在阐述研究成果、论证研究结论及评价其意义时，也需要应用比较方法做出判断。比较法是在科学研究中随时用到的基本工具。随着比较法在图书馆学研究方法中的应用，已经出现了比较图书馆学、比较情报学、比较目录学等。

例如李青，他以国内的期刊论文为例，运用比较法与访谈法结合的研究方法对我国图书馆学实证研究方法应用进行分析。通过比较相关图书馆学研究者的研究结果、运用的研究方法等得出现阶段图书馆学实证研究的研究方法应用情况。还通过比较图书馆学界两种比较权威的期刊，通过期刊上发表的与实证研究相关的论文进行仔细比对，得出现阶段我国图书馆学实证研究方法的趋势以及研究方法的应用情况。该篇文章对图书馆学研究方法类文章进行大量研究调查比较，最后得出结论，用图表等方式清晰展现实证研究如今的应用情况。

（五）其他方法

在图书馆学实证研究方法中还有一些边缘的方法较少地被研究者运用，比如历史调查法、数学法、观察法等。

历史研究法在图书馆学实证研究中运用得较少。因为历史研究方法不是人们将一般的史学概念在图书馆领域内的转述，而其实质首先在于确立研究具体史料上的正确观点，把所搜集到的有关实质性的证据进行组织。为客观地排选和理解材料，人们首先应确定一些原则，以其原则对材料进行分类，以求出历史因素(质的变量与量的变量)之间的关系，从而分析出最本质的东西。一般而言，历史研究方法主要运用在以图书馆事业史为轴心的书史、目录学史等一系列图书馆事业史的研究上。图书馆事业史主要是对过去的事件进行系统的叙述，而叙述这件事情，则关系到建立、维护和利用信息记录和知识记录系统。认真研究任何图书馆和图书馆群体中有影响的事件及其起因和结果，认识这些事件的社会、政治、经济、知识与文化背景，旨在提示它们对后期的影响，以指导和修正人们现实的图书文献信息传授活动。

历史研究方法常常与逻辑方法结合起来使用，即所谓的历史与逻辑的统一。历史的描述，应以逻辑为依据；逻辑分析又以历史发展为基础，尊重基本历史事实。

历史调查方法的应用明显没有其他的研究方法使用广泛，在 21 世纪以来使用的情况忽高忽低，没有太明显的规律性。

柯平等有关研究者对改革开放以后 30 年有关图书馆学的基础理论进行回顾思考，研究者运用图书馆学实证研究方法中的历史调查方法对这 30 年来图书馆学界的发展进行总结思考，提出我国图书馆学发展的不足之处，比如理论与实际不能紧密结合，实证研究方法的类型单一，有关实证的文章少之又少，缺乏学科的专业模式研究，并根据所提出的问题进行专业的回答分析。

数学是关于量的科学。所谓数学方法就是运用数学所提供的概念、处理方式及技巧，对所要研究的对象进行量的分析、描述、计算和推导，将事物的内在联系用数学形式表达出来，从而认识事物的发展规律的一种方法，它是理论思维和对事物进行逻辑分析的一种重要形式。从定性分析走到定量分析是科学发展的必然趋势。任何一门学科如果不借助数学方法，不与数学发生关系，便不能明确刻画事物的变化状态，更不能从已知的量推出未知的量，从而也就减少了科学预见的可能性和科学预见的准确度。所以马克思说：“一种科学只有在成功地运用数学时，才算达到了真正完善的地步。”科学技术的发展使数学方法显得越来越重要，尤其是随着电子计算机的出现及数学自身的发展，数学方法广泛应用于各门学科的研究之中，形成了科学数学化的趋势。

图书馆学领域内，一切现象、过程以及研究对象都是质和量的统一体，其质变和量变是紧密联系、互相制约的。所以在开展科学研究时，必须注意做量的考察和分析，以便更准确地认识对象的性质。认真地说，图书馆学的学术地位尚未做最后确立，这就更需要应用数学方法就是利用数学提供的概念、理论和方法，对研究对象进行量的分析、描述、推导和计算，以期待对图书馆学在自己的科学研究中的现象、过程做出说明和判断，找出其内在联系的数学表现形式，从而达到对事物发展变化规律性的认识。

在实证研究的领域，数学方法一般是与问卷调查、网络调查、访谈法等研究方法结合，利用数学公式、模型等对调查得来的数据进行数学分析。

观察法是研究工作者按照一定的计划，为实现一定的研究目的，对研究对象进行系统全面的观察，从中搜索各种现象资料，并进行分析研究的方法。观察法是人类认识事物最古老的一种方法，它源于人们的日常观察实践，又高于日常观察所用的方法。在科学技术高度发展的今天，它仍不失为科学研究中成熟的研究方法之一，只是观察的方法更科学化，观察的手段更现代化了。观察法可以作为一种独立的研究方法，也可以是其他研究方法的一个组成部分。观察法作为一种独立的研究方法，也可以是其他研究方法的组成部分。观察法作为一种独立的研究方法，在自然科学和社会科学中都有极为广泛的应用。人们利用观察法观察各种自然现象，发现了为数众多的自然规律，建立了无数的新定律、新理论，这在天文学的科学研究中表现得尤为突出。在社会科学研究中，人们利用观察法观察人类的行为和物质产品、精神产品的生产过程以及人与人之间的相互关系，获得了极为可靠的科研成果。观察法作为其他研究方法的组成部分，也具有显著的地位，特别是在用实验法研究各种问题时，用观察法观察各种实验现象和实验结果是必不可少且有独到功效的。

图书馆工作人员在日常的读者工作中，经常进行观察。离开了对读者的观察，就不可能去指导阅读。观察法被直接应用于图书馆的读者工作，使这一工作得到不断的完善，取得了良好的效果。这些日常观察虽然十分重要，而且很可能是研究工作者的一部分，但是还是不能与科学研究中的观察混为一谈。科学研究中的观察是对现实客体的有一定目的、有一定计划的认识活动。科学研究中的观察与通常的观察所不同的是，它服从于具体的研究目的和明确地提出任务。以详细的计划为基础，是在一定课题范围内选择与本课题有关的事实进行观察，并研究与这些事实相联系的因素。

第二节　现代图书馆学实证研究方法应用中存在的问题

一、成果数量偏少

比起国外的图书馆学实证研究方法，我国的实证研究几乎晚了一个世纪，在图书馆学实证研究方法中，我国拥有的研究成果凤毛麟角。纵观 20 世纪 70 年代以来，我们大胆引进西方图书馆学研究理念，我们从无到有经历了种种困难，前人在一次次错误中总结经验，使我们后来的研究人员可以有迹可循。但是多年来我们图书馆人有关实证研究方法的研究微乎其微，研究成果自然不容乐观。与其他研究方法相比，实证研究成果增长趋势缓慢，在众多方法中占有的比例极低，研究成果所代表的水平不高等。我国的学者在实证研究方面对于发表成果的数量尤为在意，导致研究人员轻视质量，没有丰富的实证，缺少广而细的调查，导致研究结果自然空洞无趣，没有大的参考价值，研究成果都是一些泛泛之谈。

就实证研究本身而言，重视的是最初的数据调查，但是如果只停留在最初而不能将事实上升到一定规律性认识，那我们的研究成果可利用程度就不会太高。不对数据深入分析，便找不出符合实际数据的理论，也就分析不出数据背后隐藏的隐含意义，那我们的调查统计花费再多的人力物力，也就只能停留在肤浅的一面，使我们最初的调查失去最好的利用价值。我们对数据的处理好多还停留在最初的简单描述、粗略统计阶段，这样我们即使将全部时间都投入实证研究的数据收集也无济于事。

在我国的图书馆学界所发表的与研究方法有关的论文当中实证研究方法的发文量可以说是冰山一角，几乎很少有学者关注到这一问题的研究，导致大量的学者研究人员不会把研究重心放在实证研究上，导致研究成果数量不及其他研究方法的研究成果一年的研究量。就2000～2015年15年间图书馆学实证研究类文章占图书馆学研究方法类文章的20%左右，可见实证方法仍然处于被冷落的阶段。

二、方法类型单一

我们现阶段进行的实证研究大多数运用的是问卷调查和网络调查法，而且两种方法的界限不清，给人们的感觉二者本质是一样的方法。然而我们却过分地强调区别，过于纠正字面上的区别，对于这种方法论的讨论，以及具体方法的采用投入大量精力，有时会因为方法的使用而改变原来应有的进行顺序，这种方式就显得本末倒置了。就我国图书馆学实证研究现有的成果，大部分都是调查数据，之后对数据进行归类整理，然后进行简单系统的描述，对调查得来的资料进行定量分析，经过这样的对调查的数据进行相关的线性分析和简单的理性分析得出一个宽泛的理论结果。

就实证研究的方法论而言，我们还可以找到许多，例如，实地调查法、统计资源调查法、比较法、历史研究方法和访谈法等。每个方法都有其合适的位置同时也有一定的局限，我们研究人员不应该只使用方便调查、好得结论的研究方法。这样粗浅的实证分析轻易可以得到也就轻易可以推翻。在实证的领域，缺少多样性的调查方法，就会显得该领域的涉及不够深，研究人员不够刻苦，只停留在简单的、好运用的调查方法，得出的结论自然不会有什么可鉴赏性、可探索性。任何研究都应该以研究问题和目的去寻找合适的研究方法，所以不能一刀切，不能所有的研究都使用一种貌似万能的方法。

三、数据获取困难

在大量翻阅以往的有关图书馆学实证研究的方法文献不难发现，大量的图表、百分比分析，有的有关实证研究的直接是调查报告。有些研究直接把调查问卷上的信息简化成大篇幅的数据，然后根据数据再进行简单的分析总结，进而发表在数据库平台。实证研究一般需要用观察、调查、实验、比较等方法得出客观的结论，实验就是需要研究者充分准备，寻找数据，寻找要证明事情的论据，现阶段我们需要一个比较权威的数据库，不单是文章或者是研究成果，也许可以是待完成的研究，或者需要人力的研究，或者是调查思路的提供，这些都会给研究者带来很大的帮助。

我们现在最权威的数据库应该是中国知网和万方数据库了，但是就自身使用而言，虽然收录了几乎所有论文、期刊会议的文章，但是分类含糊不清，搜索条件限定不明，导致得到的数据重复、缺失等问题，这样给使用数据的研究者带来很大不便，如果没有及时发现就会造成调查结果错误，得出结论不对等现实问题，这样的浪费是双向的。我们在调查中获得的数据也需要进行分类整理，有些是以调查时期来界定调查范围的，那样数据的变化性就更加迅速。数据的质量直接影响我们的分析，怎样简化、高效地获取数据也成为实证研究中的一项急需解决的问题。

四、缺乏系统训练

目前，我国有 23 所招收图书馆学专业学生的本科高校，这些高校对于培养专业的学生还是着重强调理论学习，轻视实践调查，开设的科目更多的也是介绍图书馆学的相关理论以及相关学术成果，对于研究方法的应用没有过多地区分和指导。过多论述性的讲解让学生兴趣感缺失，使当代的学生没有实证研究和实证操作的能力。当下的教育体系没有鼓励学生去实际操作一项调查任务，导致大多数同学没有实证的思维方式，停留在概念的演绎以及理论的分析层面。个人认为我们当代大学教育应该从开始就重视图书馆学研究方法的实证研究方法，培养一种实践、实证的思维方式，重点给予系统的训练。从图书馆学源头开始重视实证研究，让学生充分了解图书馆学研究方法、研究意义，并能牢牢掌握住实证研究的规范，做到有据可查、有理可依。可以将这种研究方法利用到今后的工作和学习当中去，这样才可以不断地为图书馆学实证研究提供前进的动力。

系统的训练耗时费力，成效又不明显，如今社会，做一切事情都讲究效率，讲究投入回报比，这样的思想主导着我们的行为，所以实证研究方法很难真正兴起，但是如果我国高校也同样重视实证研究的系统训练，那结果应该是十分乐观的。

五、缺乏规范化实证研究

如今我国图书馆学实证研究的发展不能说不繁荣，不能说不蓬勃，但是仔细考虑，我们整个图书馆学界的实证研究成果竟然处于低水平化，低增长化，长期处于简单积累，研究结果普遍重复等状态。实证研究在 2007 年以后认可度在逐渐提高，研究者普遍认为要发展图书馆事业的进步，我们就需要通过实践的调查总结，这样的研究结果才能经得住历史的检验。但目前我们国家有关图书馆学实证研究的规范还没有一个明确的定论，导致现阶段我们的理论与实际严重脱节，学科的自我封闭，从事本行业人的自我评价低，存在感不强。缺失规范化的实证研究，使我们身处其中的研究者茫然前行，游离在现代的图书馆学研究之外。在国内各大核心的期刊论文中经常可以看到一些振振有词的言论被发表，然而自己究其结论的产生却找不到足以支撑的论据，没有明显的研究过程，没有真实的实证研究方案，大论特论实证研究的发展方向。还有一部分学者仅凭借已有的研究经验或者过去的统计分析经验，妄加揣测，得出大量不需要研究讨论也能得出的所谓常识。然而这样的类似情况层出不穷，作为图书馆学工作者，不能任由这样的情形不受控制，这是给我们缺失规范化的实证研究敲以警钟，让我们充分重视这一学科的规范化。

第三节　现代图书馆学实证研究方法的改进路径

一、丰富实证研究方法的类型

关于图书馆学实证研究的学科发展，我们最应该做的是丰富研究方法的类型，使调查研究不在死板呆滞。

除我们所熟知的调查问卷、网络调查、文献计量等方法，我们还可以使用实验法、历史研究法、数学研究法、比较方法等。比如实验法的最主要特点在于对现象的人为干预，通过适当的控制，排除一些无关因素的干扰，突出所要研究的实验因子，从而比较准确地探索出现象之间的因果联系。

二、实证研究方法的合理运用

最近几年，实证研究这个话题在图书馆学界被屡次提出，大多数人鼓励图书馆学学者要大力发展实证研究方法，在研究问题的过程中尽可能地使用图书馆学实证研究方法。但是冷静下来我们理智思考一下，为什么我们如此强调实证研究方法可是结果却是不太乐观。我认为实证研究的本质不是在于实证研究内在，而在实证研究之外，没有掌握好实证研究的关键而盲目地跟风，跟潮流，这样的研究结果往往都是事与愿违。我们不能因为我们在实证研究这方面的缺失就大力提倡尽可能所有的研究都运用实证研究方法去解决，去增加我们的发文量，以此来安慰自己。治标不治本的提升方法值得我们每个图书馆学人深思。其实仔细研究寻找下来，关于实证研究方法的著作很多，根本不是像我们现在已发表出来的那些调查方法，那为什么我们的研究人员不去运用呢，这么多的研究方法也没改变我们研究结果的单一性，或者说是也没改变我们在实证研究这方面的缺失情况。所以，不能盲目为了实证而实证，无论什么课题研究都努力地去使用实证研究方法。

做好理论研究，思辨的过程要深刻，要反复推翻，反复建立，这样提出的观点才可以花费大量的时间精力去调查。最好可以将许多人的理论思辨结合，可以沉淀出更值得推敲，更值得深入的理论调查结果。在图书馆学实证研究中，我们的研究学者应该多加比较，多加思考，找到学科与学科之间的共性，开阔我们的研究视角，转变我们的理论观念，一味地提倡，不如先扎实地理论研究，寻找适合的研究调查方式，不跟风，不追赶潮流，把好的方法用得恰到好处。

三、加强实证方法的训练

实证方法的训练也应该本着科学系统的方式对研究人员加强培训与锻炼，这里重点应该指的是在校的学生。我们当下的图书馆学教学中多数是理论研究，即使是在类似像实证研究这样的教学中，也是运用别人的调查数据进行理论分析。实证的根本在于应用，而我们的教育又过于保守过于理论，我们都是理论的力士，实践的病人。任何实证研究都应该有理论的支撑，但是我们处于只理论不实践的现状。实证研究的调查的确费时费力成效不大，但是由于学校的不提倡、不要求，导致当代的大学生失去了实证研究实践调查的思维方式。任何实证都脱离不了事实的调查取证。分配角色任务，组织学生实地调研，再进行理论的分析，就不恰当的地方进行实际修正，提交调查结果，组织同学集体讨论，去掉范围，不规划，不局限，最终利用数据分析，得出调查结果。即使作为图书馆使用者，以及图书馆学的研究者，我们得天独厚的优势应该尽全力发挥，深入读者群，去体会，去调查读者心态，与图书馆从业人员建立良好的沟通渠道，多多关注图书馆问题，帮助馆员解决力所能及的问题，同时丰富自己的经验，为自己的研究课题寻找材料，收集情报。类似的研究方式应该多在学生中间展开，这样我们可以大量地进行实践研究，丰富我们的思维方式，改变现有的教育模式，虽然路途艰难，却不能丧失我们的斗志。

四、规范图书馆学实证研究

我们不能通过感悟性或者理论思辨性来推动整个图书馆学的发展，我们要发扬实证研究的同时还要规范实证研究，因为只有规范了研究方式，研究人员才可能朝向同一方向进步，不会造成混乱不堪的局面。这里提供以下几个研究步骤，作为学界参考。①要明确自己研究的问题，确定研究思路。②选择合适的研究方法，进行广泛的数据收集、调查。③运用合适的处理方式，处理我们收集到的数据，为之后的分析做准备。④确定之前的数据有效性，利用各种分析数据的软件进行细致分析，发现其中的规律。⑤就之前的一系列研究，就调查结果分析，设计出可用的合理的分析报告。在这些基础的规范步骤之后徐建华教授又提出了，可以把自己的研究结果推广，考察自己研究成果的影响力。

因为大量的图书馆学研究方法已经偏向实证研究，那我们规范化实证研究就刻不容缓，迫在眉睫。2000～2015 年，15 年来实证研究的有关文章发表量逐年增长，这将预示着未来必定会有大量的有关图书馆学实证研究的文章涌入进来，这样规范化实证研究就显得更有必要了。

五、完善研究成果共享机制

目前图书馆主要采用 Web 技术来实现信息资源共享，即研究结果共享。Web 共享方式经常会造成系统应用性能瓶颈。现代的信息共享主要是全面实现数据共享。用户可以直接从任意一台系统内 PC 机上下载和上传文件，而不是从服务器上检索、复制共享文件。目前信息共享主要有两种方式，一种是通过中央服务器来进行目录集中式管理的中心文件目录，属于既集中又有分布的模式，比较适合现代的图书馆信息系统。另一种是没有中心服务器，数据交换是通过各种物质介质来进行。如果我们能把类似 P2P 的系统运用到图书馆信息系统，那么馆员与馆员之间，馆员与用户之间，馆员与外部同行之间交流更为流畅，实现了不同程度的文件交换，极大地促进馆际互借、原文传递、信息定向传送等信息服务的开展。

我国图书馆学应该建立一种协同工作式的互联网应用体系，例如，用户可以根据自己的喜好主动选择加入一个或者多个同时存在于互联网系统中。开放的、个性化及专业化的系统使兴趣相同的人们相互合作，在信息获得与交流方面得到更多的便利，深受人们欢迎。它可以使我们图书馆学界的相关成果能在第一时间分享，与志同道合的人一起讨论优缺点。

第二章　现代图书馆知识管理概论

第一节　知识管理概述

人类已经进入了一个不缺乏信息却更加渴望知识的时代。信息的泛滥让知识的拥有成为奢侈，也让信息的管理成为热点和难题。

信息经过管理成为知识，知识经过管理成为科学，知识管理首先在企业管理中提出，被认为是网络新经济时代的新兴管理思潮与方法，知识管理的观念结合网络建构人口网站、资料库及应用系统，成为组织各种积聚知识、创造竞争力的利器。

信息时代的企业离不开知识管理，图书馆更离不开知识管理，没有了知识管理，图书馆的文献就成了一盘散沙，而进入了信息时代的数字化图书馆的知识管理，为图书馆带来了新的生机。

一、什么是知识

“知识”的“知”，字从矢从口，矢亦声。“矢”指“射箭”，“口”指“说话”。“矢”与“口”联合起来表示“说话像射箭，说对话像箭中靶心”。“知识”的“识”，繁体写作“识”，字从言从戠，戠亦声。“戠”字从音从戈，《说文》称此字的字义已因师承中断而阙如。

“知识”这个词最早的意思是“相识的人”，也就是“朋友”。

《墨子》中有：“其有知识兄弟欲见之，为召，勿令人里巷中。”岑仲勉注：“知识，友人也。”同样，《吕氏春秋》“人有大臭者，其亲戚兄弟妻妾知识无能与居者”一句中的“知识”，以及孔融的《论盛孝章书》“海内知识，零落殆尽，惟有会稽盛孝章尚存”句中的“知识”都是“空虚”的意思。

“知识”的另一个意思是“结识”或“交游”，如《南史·虞棕传》“棕性敦实，与人知识，必相存访，亲疏皆有终始，世以此称之”句中的“知识”就是这个意思。

比较接近我们今天所说的“知识”的含义的是“辨识事物的能力”，如明代的焦竑在《焦氏笔乘·读孟子》所说的“孩提之童，则知识生，混沌凿矣”。

由“知识”语义的不断发展变化，我们可以看出，“知识”是一个内涵丰富、外延广泛的概念。对于知识的定义，不同的学科有不同的说法。

《现代汉语词典》对知识解释为："知识是人们在改造世界的实践中所获得的认识和经验的总和。"

《辞海》中把知识定义为："人们在实践中积累起来的经验。从本质说，知识属于认识的范畴。"

信息学认为：知识是系统化的信息，是人对客观事物存在和运动规律的认识。

知识包括自然科学知识、社会科学知识、思维科学知识和技术科学知识。

知识是系统化了的信息，也就是说，信息是大脑思维的原料，而知识是大脑对大量信息进行加工后形成的产品。知识是人类通过信息对自然界、人类社会及思维方式与运动规律的认识，是人的大脑通过思维重新组合的系统化的信息的集合。因此，人类不仅要通过信息感知世界，认识和改造世界，而且要根据所获得的信息组成知识。可见，知识是信息的一部分。

一般地，在国外讨论知识经济时把知识定义为"知识是一种有组织的经验、价值观、相关信息及洞察力的动态组合，它所构成的框架可以不断地评价和吸收新的经验和信息。它起源于并且作用于有知识的人们的头脑。在组织机构中，它不但存在于文件或档案之中，还存在于组织机构的程序、过程、实践与惯例之中。"中国国家科技领导小组办公室在《关于知识经济与国家知识基础设施的研究报告》中，对知识经济中的知识做出的定义是："知识乃是经过人的思维整理过的信息、数据、形象、意象、价值标准以及社会的其他符号化产物，不仅包括科学技术知识（这是知识中的重要组成部分），还包括人文社会科学的知识，商业活动、日常生活和工作中的经验和知识，人们获取、运用和创造知识的知识，以及面临问题做出判断和提出解决方法的知识。"这两个定义有利于知识管理的相关讨论，但是它涉及的范围较广，必须与知识的分类相结合来理解。

知识具有如下特性。

（1）意识性。知识是一种观念形态的东西，只有人的大脑才能产生它、认识它、利用它。

（2）信息性。信息是产生知识的原料，知识是被人们理解和认识并经大脑重新组织和系列化了的信息，信息提炼为知识的过程是思维。

（3）实践性。社会实践是一切知识产生的基础，是检验知识的标准，科学知识对实践有重大指导作用。

（4）规律性。人们对实践的认识是一个无限的过程，人们获得的知识在一定层面上揭示了事物及其运动过程的规律性。

（5）继承性。每一次新知识的产生，既是原有知识的深化与发展，又是更新的知识产生的基础和前提，知识被记录或被物化为劳动产品后，可以世代相传利用。

（6）渗透性。随着知识门类增多，各种知识可以相互渗透，形成了许多新的知识门类，形成科学知识的网状结构体系。

根据许多思想家的论述，知识必须具备三个特征：被证实的（justified），真的（true），被相信的（believed）。

R. E. Purser, W. A. Pasrnore, R. V. Tenkas 认为要精确地定义知识是非常困难的。例如何谓知识？如何获取知识？何者是有效的知识？这些问题是非常难回答的，但若无法回答知识是什么，将难以设计能产生更多知识及有效利用知识的组织。因此，他们将知识定义为："用以制定决策的事实、模式、基模、概念、意见及直觉的集合体。"

哈佛大学的巴达拉克（Joseph L. Badaracco）将知识定义为："从人类活动中所获取的真理、原则、思想及资讯。"

日本学者田中郁次郎则认为知识是一种多元的概念，具有多层次的意义。知识牵涉到信仰、承诺与行动等，可分为内隐知识与外显知识。

美国的罗伯特·奎恩（Robert E. Quinn）认为："知识是存在于专业人员身上的技能财产，可分为实证知识、高级技能、系统认知、自我激励创造力等。"

知识来自社会实践。其初级形态是经验知识，高级形态是系统科学理论。按其获得方式可区分为直接知识和间接知识。按其内容可分为自然科学知识、社会科学知识和思维科学知识。哲学知识是关于自然、社会和思维知识的概括和总结。知识的总体在社会实践的世代延续中不断积累和发展。

随着对知识内涵的认识加深，人类也从不同角度对知识进行了分类。德国哲学家马克斯·舍勒（Max Scheler, 1874—1928）将知识划分为应用知识、学术知识和精神知识三大类。

在此基础上，美籍著名经济学家弗里兹·马克卢普（Fritz Machlup, 1902—1983）于20世纪中叶提出了"知识产业"理论。他按照认识者的主观解释来分析知识的种类，认为知识包括五个方面的内容：实用知识、学术知识、闲谈和消遣知识、精神知识、不需要的知识（多余的知识）。马克卢普还从科学的与历史的、一般抽象的与特殊具体的、分析的与经验的、永恒的与暂时的角度，对知识的类别进行了概要的分析。马克卢普又从世俗知识、科学知识、人文知识、社会科学知识、艺术知识、没有文字的知识（如视听艺术）等角度来解释知识。

1966年，美国俄亥俄州立大学教授陶尔士（Towers）、陆克斯（Lux）和雷（Ray）等人，受Maccia系统化知识思辨理论的影响，将人类知识分成描述性的知识、规范性的知识、实践性的知识与形式性的知识四大领域。

（1）描述性的知识（deive knowledge）是描述现象或事件的知识，此种知识用以追求及建立现象或事件的事实，物理、化学、生物和社会等科学知识即属之。

（2）规范性的知识（preive knowledge）是判断现象或事件适切性、好坏、美丑的知识，此种知识用以追求现象或事件的价值与信念，哲学、文学、美术、音乐等知识即属之。

（3）实践性的知识（praxiological knowledge）是对现象或事件采取合宜行动、实践的知识，此种知识用以追求有效的应用行动，医疗、新闻、工程、设计和教育等知识即属之，技职教育所探讨传授的知识即属于实践性的知识。

（4）形式性的知识（formal knowledge）是统整所有知识的知识，数学、语言及逻辑等知识即属之。

经济合作与发展组织（Organization of Economic Cooperation and Development，OECD）将“知识”归纳为四种类型：事实知识（know-what）、原理知识（know-why）、技能知识（know-how）和人力知识（know-who）。

迈克尔·波兰尼（Michael Polanyi，1891—1976）于1958年出版的《个人知识》和1966年出版的《隐性方面》是西方学术界最早对隐性知识及隐性认识与科学研究进行较为系统的探讨和分析的著作，波兰尼在对人类知识的哪些地方依赖于信仰的考查中，偶然地发现这样一个事实，即这种信仰的因素是知识的隐性部分所固有的。波兰尼认为：“人类的知识有两种，通常被描述为知识的，即以书面文字、图表和数学公式加以表述的，只是一种类型的知识。而未被表述的知识，我们在做某事的行动中所拥有的知识，是另一种知识。”他把前者称为显性知识，而将后者称为隐性知识。

所谓显性知识，是指可以通过正常的语言方式传播的知识，典型显性知识主要是指以专利、科学发明和特殊技术等形式存在的知识，存在于书本、计算机数据库、CD-ROM等中。显性知识是可以表达的、有物质载体的、可确知的。在OECD对于知识的四类划分中，关于know-what和know-why的知识基本属于显性知识。

所谓隐性知识，或称为“隐含经验类知识”（tacit knowledge），往往是个人或组织经过长期积累而拥有的知识，通常不易用语言表达，也不可能传播给别人或传播起来非常困难。例如，技术高超的厨师或艺术家可能达到世界水平，却很难将自己的技术或技巧表达出来从而将其传播给别人或与别人共享。隐性知识所对应的是 OECD 分类中关于 know-how 和 know-who 的知识，其特点是不易被认识到、不易衡量其价值、不易被其他人所理解和掌握。

按照波兰尼的理解，显性知识是人类能够以一定符号系统（最典型的是语言，也包括数学公式、各类图表、盲文、手势语、旗语等诸种符号形式）加以完整表述的知识，隐性知识和显性知识相对，是指我们知道但难以言述的知识。

在波兰尼之后，不同的学者从不同的角度阐述对于隐性知识的理解。

哈耶克（Hayek Friedrich August，1899—1992）从法理学和经济学的视角提出所谓“阐明的规则”（articulated rules）和“未阐明的规则”（non-articulated rules）的区分。所谓“未阐明的规则”是那些尚未或难以用语言和文字加以阐明的，但实际上为人们所遵循着的规则，哈耶克认为“我们的习惯及技术，我们的偏好和态度，我们的工具以及我们的制度”，它们构成了“我们行动基础的‘非理性’的因素（non-rational factors）”，这些知识就是“隐性知识”（tacit knowledge）。

美国著名的心理学家斯腾伯格（Robert J. Sternberg）从心理学的角度来论述隐性知识与人类思维及心理过程的关系。他认为，所谓隐性知识指的是以行动为导向的知识，是程序性的，它的获得一般不需要他人的帮助，它能促使个人实现自己所追求的价值目标。这类知识的获得与运用，对于现实的生活是很重要的。另外，隐性知识反映了个体从经验中学习的能力以及在追求和实现个人价值目标时运用知识的能力。

克莱蒙特（Clement J.）在实验的基础上将隐性知识划分为：无意识的知识（unconscious knowledge）、能够意识到但不能通过言语表达的知识（conscious but non-verbal knowledge）、能够意识到且能够通过言语表达的知识（conscious and verbally described knowledge）。

还有些学者从管理学、组织行为学的角度来论述隐性知识。德鲁克（P. F. Durcker）认为：“隐性知识，如某种技能，是不可用语言来解释的，它只能被演示证明它是存在的，学习这种技能的唯一方法是领悟和练习。”他还认为隐性知识是源于经验和技能的。

野中郁次郎（Ikujiro Nonaka）则认为，隐性知识是高度个人化的知识，具有难以规范化的特点，因此不易传递给他人；它深深地植根于行为本身，植根于个体所处环境的约束，包括个体的思维模式、信仰观点和心智模式等，这些模式信仰观点是如此根深蒂固，以至于我们习以为常，不自觉地接受了它们的存在，并在观察世界的时候受到它们的巨大冲击。

除了上面提到的这些知识的分类之外，还有其他几种常被用到的关于知识的种类。例如，Polanyi（伯蓝尼）所说的静默的知识（tacit knowledge），这种知识事实上也是针对那些不能或是难以用语言表达的知识。另外一个或许比较特别的称为“自我知识”（self-knowledge）。

那么，知识对我们人类文明的发展起到了哪些重要的作用呢？

（1）知识是文明程度的标志，在反复的实践和认识过程中，人脑通过对相关概念的判断、推理和综合，加深了对事物本质的认识，认识飞跃的结果即为人们头脑中的知识。衡量一个国家、一个民族文明程度的高低，主要看其创造、吸收、掌握和应用知识的能力。

（2）知识可以转化为巨大的生产力，人类利用知识会产生改造客观世界的无穷无尽的物质力量。劳动者素质的提高、工具的进步、劳动对象的扩大、经济的发展，都是知识推动的结果。

（3）知识是建设精神文明的动力，是科学教育的内容，能促进人类智能的改善。

二、什么是管理

“管理”这个词由来已久，仅从字面上来解释，它具有以下三个含义。

1.料理，治理

明，刘兑，《娇红记》：“去年听除回来，为见侄儿申纯在家管理事务，十分停当。”

《初刻拍案惊奇》卷三十三：“天可怜见，生得此子，本待把家私尽付与他，争奈他年纪幼小，你又是个女人，不能支持门户，不得不与女婿管理。”

清，魏源，《圣武记》卷六：“近日西洋英吉利，自称管理五印度。”

魏巍，《东方》第四部第二十四章：“大妈赞叹地说：‘管理咱们这么大个国家，一天得有多少事。’”

2.过问，理会

《再生缘》第四十一回：“你若嫌烦，休管理，我同媳妇会铺排。”

3.管束

洪深，《劫后桃花》十三：“（学校）管理极严，除掉星期六，平常都不许回家的。”

而在当代，有人对“管理”一词做出了极富中国文化特色的定义：管，原意为细长而中空之物，其四周被堵塞，中央可通达。使之闭塞为堵；使之通行为疏。管，就表示有堵有疏、疏堵结合。所以，管既包含疏通、引导、促进、肯定、打开之意，又包含限制、规避、约束、否定、闭合之意。理，本义为顺玉之纹而剖析；代表事物的道理、发展的规律，包含合理、顺理的意思。管理犹如治水，疏堵结合、顺应规律而已。所以，管理就是合理地疏与堵的思维与行为。

广义的管理是指应用科学的手段安排组织社会活动，使其有序进行。其对应的英文是administration 或 regulation。狭义的管理是指为保证一个单位全部业务活动而实施的一系列计划、组织、协调、控制和决策的活动，对应的英文是 manage 或 run。

“科学管理之父”弗雷德里克·泰罗（Frederick Winslow Taylor）认为：“管理就是确切地知道你要别人干什么，并使他用最好的方法去干。”在泰罗看来，管理就是指挥他人能用最好的办法去工作。

诺贝尔奖获得者西蒙（Herbert A. Simon）对管理的定义是：“管理就是制定决策。”

德鲁克（Peter F. Drucker）认为：“管理是一种工作，它有自己的技巧、工具和方法；管理是一种器官，是赋予组织以生命的、能动的、动态的器官；管理是一门科学，一种系统化的并到处适用的知识；同时管理也是一种文化。”

法约尔（Henri Fayol）在其名著《工业管理与一般管理》中给出管理概念之后，它就产生了整整一个世纪的影响，对西方管理理论的发展具有重大的影响力。法约尔认为：管理是所有的人类组织都有的一种活动，这种活动由五项要素组成：计划、组织、指挥、协调和控制。法约尔对管理的看法颇受后人的推崇与肯定，形成了管理过程学派。孔茨（Koontz）是第二次世界大战后这一学派的继承与发扬人，使该学派风行全球。

罗宾斯（Stephen P. Robbins）给管理的定义是：所谓管理，是指同别人一起，或通过别人使活动完成得更有效的过程。

管理不仅仅指工商管理，虽然在现代市场经济中工商企业的管理最为常见。除了商业管理，还有很多种类的管理，如行政管理、经济管理、社会管理、城市管理、卫生管理等。每一种组织都需要对其事务、资源、人员进行管理。

三、知识管理的起源及发展

人类关于知识的认识和探究几乎和人类文明历史一样久远，但知识管理作为一个重要的管理领域的兴起则只有不到 20 年的历史。在这个阶段中公认的关键性人物包括瑞典企业家与财经分析家斯威比博士（Karl-Erik Sveihy），美国管理学教授德鲁克博士（Peter F. Drucker）和日本管理学教授野中郁次郎博士（Iktljiro Nonaka）。

德鲁克博士无疑是 20 世纪最伟大的管理思想家和百科全书式的管理理论大师，他的远见卓识对于 20 世纪的管理具有深刻的影响。德鲁克是最早感知和预言知识经济时代来临的人物之一。基于 20 世纪的经济和社会发展主要依赖于产业工人劳动生产率的极大提高这一事实，他提出 21 世纪最大的管理挑战是如何提高知识工人（knowledge worker）的劳动生产率。他的著作对广大管理人员理解、认识知识经济，接受知识管理以及现代知识管理的研究和实践都产生了深刻的影响。

日本著名管理学教授野中郁次郎博士深入研究了日本企业的知识创新经验，提出了著名的知识创造转换模式，这个模式已成为知识管理研究的经典基础理论。野中郁次郎特别强调隐性知识（tacit knowledge）和知识环境对于企业知识创造和共享的重要性。显性知识比较容易共享，但是创新的根本来源是隐性知识。野中郁次郎在此基础上提出了知识创新的SECI模型：其中社会化（socialization），即通过共享经验产生新的意会性知识的过程；外化(externalization),即把隐性知识表达出来成为显性知识的过程;组合(combination),即显性知识组合形成更复杂更系统的显性知识体系的过程；内化（internalization），即把显性知识转变为隐性知识，成为企业的个人与团体的实际能力的过程。

与上述两位学院派出身不同，斯威比博士既是企业家又是企业分析家的背景，导致他对知识管理的研究具有浓厚的实践色彩。斯威比博士根据他对知识型企业的认识和研究，于1986年用瑞典文出版了《知识型企业》，当年被评为最佳管理类图书并畅销北欧，他本人也成为知识管理理论与实践的“瑞典运动”的思想源泉。1987年，他和英国知识管理专家汤姆·劳埃德合著出版了《知识型企业的管理》一书，提出一整套知识型企业管理理论和实用方法，成为知识型企业管理的开山之作。1990年，斯威比又出版了《知识管理》一书，是世界上第一部以“知识管理”为题的著作，当年被评为瑞典最佳管理类图书。斯威比从认识论的角度对知识管理进行了定义，认为知识管理是“利用组织的无形资产创造价值的艺术”。作为一家出版公司的合伙人和经理，斯威比在15年里使其发展成拥有160人的瑞典最大的经济管理类出版社，他认识到测量无形资产的迫切性，并率先进行了无形资产的会计实践，在自己的公司进行检验。1989年，他出版了他和“康莱德”小组的研究成果——《知识型企业的分析与评价》，提出知识资本的理论，即将知识资本分为个人资本、结构资本和客户资本。斯威比开发的测量和监控无形资产的理论和方法激励了一大批北欧企业监测其无形资产，该书也成为风靡北欧的畅销书。斯威比被喻为“世界知识管理之父”。

除了上述三位大师的杰出贡献外，处于第二梯队，对知识管理具有较大影响的还包括施乐（Xerox）公司的首席科学家约翰·布朗（John Seely Brown）、安梯拿·温格（Etienne Wenger）等人的关于实践社区（community of practice）的研究探索，实践社区现在已成为知识管理的最重要的实践之一；科恩与普鲁沙克（Don Cohen and L. Prusak）关于组织社会资本的研究也会对知识管理的进一步发展产生积极的影响。值得注意的是，这些美国知识管理领域的代表人物的工作及其日益扩大的影响反映出美国知识管理研究和实践已经吸取了过去的经验和教训，正在摆脱早先依赖 IT 和以显性知识为主要管理对象的路线，朝着以人为核心，强调隐性知识创造和共享的正确方向发展。

此外，现代知识管理的发展中比较著名的人物还包括托马斯·达文波特（Thomas H.Davenport）、艾莉·沃钠（Allee Verna）、托马斯·斯梯沃特（Thomas Stewart）、雷夫·爱德文森（Leif Edvinssion）等人。尽管这些知识管理专家没能对知识管理的核心理论和方法研究做出重大贡献，但是他们或以著作，或以实践的方式对知识管理的普及发展产生了重要影响。

上述这些先驱们的研究形成了现代知识管理发展的几个主要方向：知识型组织、无形资产／知识资本测量和报告、知识工人与知识工作过程、基于知识的组织理论和发展战略、组织知识环境（个人社会网络和实践社区）等。

1996 年经济合作与发展组织（OECD）指出："人类正在步入一个以知识（智力）资源的占有、配置、生产、分配、使用（消费）为重要因素的经济时代。"知识经济时代的到来验证了弗朗西思·培根的一句名言："知识就是力量。"知识经济是建立在知识和信息的生产、分配和使用基础之上的，经济的全球化和竞争的多元化使得人们深刻认识到知识已经与劳动力、资本一起构成企业和一切社会组织发展的战略性资源。在新知识经济中，对相关的战略性知识的拥有及持续更新有助于企业获得竞争优势。要想在知识经济中求得生存，就必须拥有先进的智力资本，充分发挥人力资源的创造性成为知识经济时代管理的焦点，建立"知识型"企业和各种"知识型"组织已成为管理者的共识。可以说，知识管理是基于企业对知识创新的需要而发展起来的一种管理活动或者说是管理体制。

20 世纪 90 年代以来，知识管理逐步成为一个重要的研究领域，人们不再把它当作只是学者们关心的事情，而是把它作为企业竞争与发展的重要组成部分。知识经济是以高新技术产业为支柱的，企业日趋向高技术化、知识化转化，知识管理首先适用于新兴的"知识型"企业。以微软、因特尔（Intel）、安达信等跨国公司为代表的"知识型"企业纷纷推出各自的知识管理方案或行动计划，产生了相当可观的经济效益。

四、知识管理的含义

知识管理（knowledge management,KM）是伴随着知识经济而产生的一个名词，短短几年时间，其从概念走向应用，并成为一个热门话题。目前知识管理的定义有多种，但还没有一个统一的定义，我们可通过引述几个主流定义来理解知识管理的内涵。

（1）李勃维兹（Liebowitz）：知识管理是一种从组织的无形资产中创造价值的过程，它是一种以知识为基础的体系，集人工智能、软件工程、组织流程改进、人力资源管理与组织行为概念之综合体。

（2）尼杰斐（Nijhof）：知识管理是将员工隐性知识外显化的过程，以获得组织知识循环的最佳效能。察觉现存知识，确认需要的知识与技能，发展新知识，传播、应用并删除旧有和过时的知识。

（3）欧迪尔与艾赛地斯（O'dell and Essaides）：知识管理是一种有意的策略，将最适宜的知识适时地提供给需要这方面知识的人员，并协助人们分享，以及将知识与信息应用到努力增进组织绩效的行动当中。

（4）上海师范大学黎加厚教授：知识管理是研究人类获取、传播、共享、利用和创新知识的活动规律，管理有关知识的各种连续过程，以促进经济和社会发展的理论与实践。

上述四个定义中，第一个定义特别强调知识管理的对象是“无形资产”，知识管理即无形资产的管理；第二个定义格外强调隐性知识的外显化，强调从“知识循环”的观点来界定知识管理的意义；第三个定义凸显出知识管理是一种以知识为对象的有意的策略；第四个定义从社会发展的角度强调知识管理是管理知识的连续过程。

在研究知识管理的定义时，国内外学者的观点可简化为三个学派：技术学派、行为学派和综合学派，每个学派论证的侧重点不尽相同。技术学派认为“知识管理就是对信息的管理”。这一学派强调知识管理的技术要求，必须应用计算机技术及信息技术，才能实现有效的知识管理。行为学派认为“知识管理就是对人的管理”。这一学派强调知识管理侧重于对人获取、存储、应用及创新知识的行为进行管理，其以人自身的特征为基础和重点，掺杂心理学、社会学及其他人文类学科的知识，而不仅仅是纯技术性的活动。综合学派认为“知识管理不但要对信息和人进行管理，还要将人和信息连接起来进行管理；知识管理要将信息处理能力和人的创新能力相互结合，增强组织对环境的适应能力”。综合学派将技术学派和行为学派的观点相互交流融合，综合了两者的优点并有机结合成为独具特色的知识管理理论。

上述定义及学派从不同的角度对知识管理进行分析界定，这反映了人们对这一概念的认识尚未达成共识。但可以肯定的是，知识管理具有以下几方面基本内涵。

（1）知识管理是一个过程，它通过创造、储存与运用知识来促进组织绩效。知识管理本身是一个动态化的进程，这一过程具有程序及序列性。知识管理的基本功能在于有效地促进显性知识与隐性知识之间的相互转化，特别是促进内隐知识的外显化，通过这种方式来实现组织的优化。

（2）知识管理的目标在于实现知识传递的最优化。它借助于一定的技术手段，力图能够将最恰当的知识在最合适的时间传递给最需要的人。

（3）知识管理关注知识的共享和交流。组织成员所拥有的知识具有相当个性化特征，但只有将知识进行共享才能发挥知识的价值增值作用，如何将其转变为一种资源，从而在组织成员中进行广泛的共享，是知识管理的一项重要任务。

（4）知识管理的综合性特征。知识管理既重视知识增值的技术实现手段，又关注人的心理特征以及社会氛围对人的知识行为的影响，是技术与人文关怀的结合。

总的来说，知识管理就是将可得到的各种信息转化为知识，并将知识与人联系起来的过程，就是要对知识进行规范管理，以利于知识的获取、利用和创新。知识管理的基本活动包括对知识的获取、整理、存储、共享、应用和创新。

五、知识管理的内容和原则

知识管理作为一种独立的管理思想和管理理念始于20世纪90年代。波士顿大学信息管理学教授达文波特（Thomas H.Davenport）1997年所著的《营运知识》是知识管理理论发展的一部标志性著作。达文波特对企业知识管理需求、应用和评估提出了系统的观点，表达了知识管理的纵向内容。他认为知识管理需求与应用可分为四类：一是构建知识库，将企业相关的各类文档、笔记、报告、文章等进行结构化处理后存入知识库，使之易于提取；二是构建知识通道，当需要知识时，能找到该项知识，或拥有此项知识的人，并将知识传递给需要它的人；三是知识环境，在组织内部建立一系列行为准则或激励机制，使组织适应知识管理的文化及行为模式；四是将企业知识作为一种资产进行管理。达文波特从组织行为的角度建立了企业的知识管理内容体系。

知识管理的主体是广义的人（包括人的各种社会整合体的组织形式），分为微观（个人和组织）、中观和宏观（国家）三个层次；客体主要表现为知识内容和知识过程。根据知识管理的主体，我们把知识管理的横向内容分为组织的知识管理和个人的知识管理。组织的知识管理（organization knowledge management，OKM），包括对组织知识的分类、发现、转换、整合、创新；包括构建组织的知识地图、知识仓库、知识场；包括营建组织的激励机制和组织文化。除了管理知识之外，激励组织系统中诸要素的积极性，营建学习型组织，在最恰当的时间把最恰当的知识传递给最恰当的人，保持组织的竞争能力、创新能力和可持续发展能力，这些都是组织知识管理的目标。可见，组织的知识管理是一项综合而高效的管理，是提升组织应变和创新能力的管理。个人的知识管理（personal knowledge management，PKM）既是整理个人知识的过程，也是促进知识交流、共享和转化的过程。其实质在于帮助个人提升工作效率，整合自己的信息资源，提高个人的竞争力。个人知识管理要求建立个人专业知识体系；有针对性地吸收和补充所需的知识资源，持续学习；将知识资源应用于实际工作，展示学习和工作能力；参与知识创新、知识交流，谋求长期发展。知识管理的内容是纵横交错的网络结构，它更多地考虑人力资源和过程的主动性，其特有的领域是加强组织学习。知识管理贯穿知识的生命周期，与组织学习相融合，帮助组织强化能够自然产生创新和创造力的环境。随着知识管理研究和实践的深入，我们要遵守哪些原则呢？

国际著名知识管理权威达文波特教授将其总结为十条，这十条原则表达了知识管理的经验法则。

（1）知识管理的高投入性。知识的获得、存储、整合、转换、共享、创新需要技术和资金的支持。

（2）知识管理需要人文因素和技术因素的结合。知识源于人的头脑，技术助人但不能代替人的劳动。

（3）知识管理的高度政治性。利用政治形成和拥有对知识的支配权是知识管理的有效途径之一。

（4）知识管理需要知识管理者。他们收集知识并分类，建立面向知识的技术基础，监督知识的利用。

（5）知识管理要坚持市场导向。遵循知识市场的需要特性，提供和反映需要的知识。

（6）人有不愿共享知识的天性。分享和利用知识往往是不自然的行为，需要评价和激励推进共享。

（7）知识管理着眼于知识利用。改进知识利用过程是分享特定知识的关键。

（8）知识管理要培育用户对待知识的正确态度。知识消费者要关心知识，主动使用知识。

（9）知识管理是一个长期甚至无限期的过程。知识环境迅速变化无止境，知识管理随之应变无穷尽。

（10）知识管理需要法律支持。知识的所有权和使用权问题涉及法律，需要知识契约。

知识管理内容的实施遵循这十条原则，这是一个动态的过程。知识管理者既可以是机构，也可以是个人；知识管理的对象是知识，既包括显性知识，也包括隐性知识；由于隐性知识储存于人的大脑，所以知识管理不仅是对物的管理，也是对人的管理；知识管理强调动态的过程管理及在这个过程中知识的转移，尤其强调该过程中知识的共享，并以组织应变和创新能力的提高以及业绩（竞争力）的改善为最终目标。

六、知识管理价值链

迈克尔·波特于 20 世纪 80 年代提出“价值链分析法”，如图 2-1 所示。

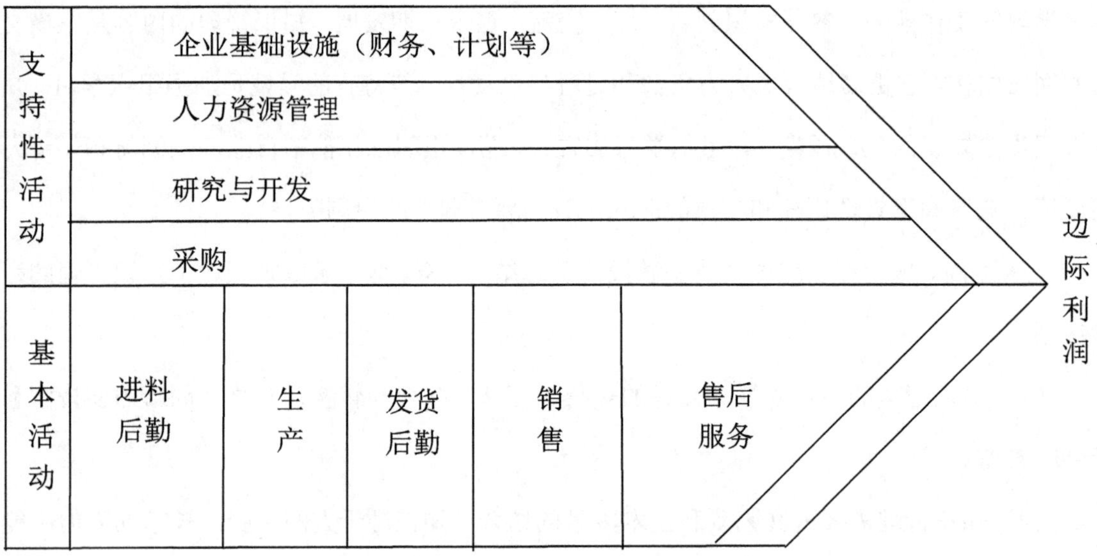

图 2-1　价值链分析法

他认为价值链是每一个企业用来设计、生产、营销、交货及对产品起辅助作用的各种活动的集合。对于一个企业而言，企业内外价值增加的活动（即价值链的主要成分）包括基本活动和支持性（辅助）活动，基本活动涉及企业进料后勤（内部后勤）、生产、发货后勤（外部后勤）、销售、售后服务。支持性活动涉及人事、财务、计划、研究与开发、采购等，基本活动和支持性活动构成了企业的价值链。

用迈克尔·波特的价值链模型来分析知识管理的价值链，可以进一步明确知识运作流程的环节及价值创造活动，如图 2-2 所示。

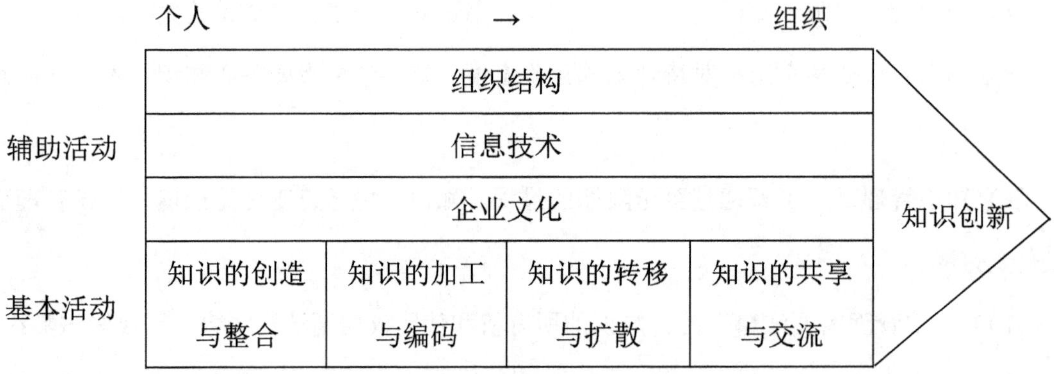

图 2-2　知识管理价值链模型

知识管理价值链相关活动有基本活动和辅助活动两种。

（一）基本活动

（1）知识的创造与整合。知识管理从知识的创造与整合开始，在知识创造中人是最重要的，信息技术的发展为组织收集信息和知识提供了有力的手段，扩大了知识收集的范围，提高了知识的收集速度，降低了知识收集成本。

（2）知识的加工与编码。收集来的信息和知识往往是杂乱无章的，组织需要的是对其发展有用的知识，因此必须对知识进行加工处理，使无序的知识变为有序的知识，使组织已经存在的未编码的知识编码化。

（3）知识的转移与扩散。将已加工好的知识转移扩散以增进知识的应用，是知识价值链增值的重要一环。但在知识的转移过程中可能受到多种因素影响，如所转移知识的特征、接受者特征和知识转移发生的环境特征。

（4）知识的共享与交流。知识共享指员工个人的知识财富通过各种交流方式为组织中其他成员所共享，从而转变为组织的知识财富。知识共享可从两个维度进行分析：第一个维度是隐性知识和显性知识；第二个维度是将知识的载体区分为四个层次，即个人、团队、组织及组织间的领域，如重要顾客、供应商、竞争对手等，隐性知识和显性知识存在于所有层次之中。

（二）辅助活动

价值链辅助活动主要有三个方面。

（1）组织文化。文化问题是成功实现知识管理的最大障碍。要克服文化障碍需要组织去创造一种环境氛围，在这种环境里，共享知识和创新会得到暗示和明确的尊重和奖励。

（2）组织结构。组织要实施知识管理，必须创造一个新的架构与作业方式，以调整适应新的知识结构。组织可根据实际情况重新界定实施知识管理的职务和机能。例如，设知识主管 KCO 来制定知识管理策略目标；设计、建立与管理知识架构。

（3）信息技术。技术只是提供一个平台，促进信息内容的收集、整理、储存并传递给需要的使用者共享。信息技术形成坚固的技术基座，使其他技术再以之为基础而发挥高度效用。

相对于组织的信息技术，组织文化、组织结构看似抽象，但却往往决定着知识管理系统的最终成功。

第二节　知识经济与图书馆的关系

一、知识经济时代图书馆面临的机遇与挑战

“知识经济”是相对于传统的“农业经济”“工业经济”而出现的一种新型且极具活力的经济形态。在知识经济时代，知识成为最重要的生产资本，经济的增长取决于对知识的投资和应用。在知识经济时代，谁拥有知识，谁就拥有财富，它的到来必将对整个社会的生

产活动产生巨大的影响。图书馆作为一种社会现象，不可避免地将受到这股知识经济浪潮的冲击。

在知识经济中，人们对知识信息的需求将会明显增加，图书馆的地位将更加突出，作用更大，知识经济为图书馆的发展创造了良好的条件和机遇。

（1）在知识经济时代，信息大潮向我们扑面而来，这使得人们获取大量的信息变得容易。然而如何在这大量的信息中除去绝大多数的冗余信息，获取自己所需要的信息却成为摆在人们面前的一个难题。图书馆馆员具有图书馆学方面的专业知识，知道如何快捷地对信息进行检索与组织。因此，我们可以发挥这一优势，为读者提供各种定题服务与咨询服务，协助读者在最短的时间内获取最需要的信息。

（2）由于社会经济的发展越来越依赖知识的增长，依赖于将知识转化为现实生产力的能力不断增强，社会对知识和信息的关注必将上升，新的信息消费和知识消费群体必将出现，这为图书馆的发展创造了良好的社会环境和提供了一个广阔的市场前景。

（3）现代信息技术的发展，尤其是计算机技术、通信网络技术的发展和应用，为图书馆的深入发展提供了强有力的技术支持和保证。

（4）知识经济时代的普遍的思想观念和思维方式也必将影响和改造图书馆的经营理念和运作方式，迫使图书馆以适应时代需求的新形象出现在人们面前，以更全面、更优质的服务吸引着众多社会用户，在促进社会发展的同时，也在不断地发展自己。

（5）社会信息资源尤其是网上资源亟待整序，知识的组织和控制将是图书馆面临的最大机遇。

有机遇就有挑战，知识经济在为图书馆的发展提供有利条件的同时，也使图书馆的发展面临严峻的挑战。

在知识经济时代，我们的社会发生了翻天覆地的变化：人类的知识呈指数增长；互联网作为巨大的信息源每时每刻都能为人们提供大量的信息；信息载体越来越多样化；图书资料价格暴涨与图书馆经费的有限增长；读者需求的提高与图书馆满足读者需求能力的降低……另外，信息技术的迅猛发展及广泛利用，使得网络服务商、各种信息中心及自发的信息供给者都可以利用信息技术方便地查询及提供各类型信息，与图书馆抢夺“顾客”，从而使图书馆面临着由“图书馆选择读者”向“读者选择图书馆”的转变。所有这些都对图书馆的进一步发展提出了严峻的挑战。在未来的日子里，图书馆该何去何从，如何发展才能立于不败之地是一个值得我们研究的课题。

二、图书馆对知识经济的促进作用

21世纪是知识经济高度发展的世纪，作为一种新的经济形式，知识经济具有三大基本特征，即“网络化的生产关系、数字化的生产力和知识化的人力资本形态”。知识经济使人们重新认识了知识的价值，认识了知识作为生产资本的重要性。

图书馆是储存与传播知识的主要机构，它通过对知识的收集、组织、分类、储存与传播，使人们能方便、快捷、有效地获取所需的知识和信息，充分满足了人们对客观知识的需求，优化了人们的知识结构，对于提高社会的整体素质起着至关重要的作用。斯坦利·戴维斯博士1998年6月7日应邀担任美国专门图书馆学会第89届年会一般会议的发言人，他在“领导、业绩、卓越：处于主导地位的信息专业人员”的发言中提出，图书馆馆员在知识经济活动中将起到比以往更重要的作用。图书馆是至关重要的参与者。他们是收集、分析和及时准确地报道信息的熟练专业人员。由于电子提供，图书馆馆员在储存信息方面的作用将会降低，但在加工信息方面的作用将会扩大……今后，推动业务发展的焦点将集中在知识上，即使用信息上。另外，图书馆在为读者提供资料，进行咨询服务与定题服务的同时，直接参与了科学研究过程，是知识创新不可缺少的组成部分。人与知识资本的有机结合，将成为未来经济发展的第一要素。我们可以说，图书馆在促进知识经济的发展、社会生产力的提高方面有着不可替代的作用。未来网络环境下的现代图书馆在促进知识创新、进行人才培养和促进知识经济发展中将发挥出越来越大的作用。

第三节 现代图书馆知识管理概述

一、图书馆知识管理概念的提出

知识经济使管理发生了根本性变化，知识管理受到高度重视，成为管理学的一个热门领域，被各行各业广泛研究、使用。知识管理最早应用于企业中，其本身的复杂性和涵盖领域的广泛性导致了许多不同认识的产生。其中最有代表性的、得到广泛认同的是知识管理专家尤盖希（Yogesh）博士的观点：“知识管理是当企业面对日益增长的非连续性的变化时，针对组织的适应性、组织的竞争能力等重要方面的一种迎合性措施。本质上，它推进了组织的发展进程，并寻求将信息技术所提供的对数据和信息的处理能力及人的发明创造能力这两方面进行有机的结合。”知识管理作为对知识系统化、组织化的管理，是对知识的获取、开发管理、知识再造及自主学习意识和水平的一种应用，通过提高知识生产率来提高劳动生产率，其最终目的是推动知识创新。当传统的图书馆管理理论不再胜任知识经济时代图书馆发展的需求时，图书情报人将目光投向了这种新的、极具生命力的管理方式——知识管理。在知识经济时代，图书馆引进知识管理既是必要的，也是可能的。

首先，知识经济是建立在知识信息的生产、传播和应用之上的一种新的经济形态，在知识经济时代，知识成为社会发展的主要驱动力，成为创造财富的主要资本，社会对信息、知识的需求逐渐增加，这为图书馆的发展提供了良好的环境。其次，由于信息、知识已成为现代经济体系中重要的生产要素，社会必然要求强化对信息、知识的管理。图书馆作为知识储存与传播的重要机构，蕴藏着古今中外的丰富知识，图书馆只有致力于将其储存的知识最大可能地转化为推动社会进步的生产力，转化为保持其自身不断发展的竞争力，才能在知识经济环境下求得不断生存与发展的空间。这一切的关键就在于创新。加强对图书馆内部知识资源的有效组织与管理成为重中之重。因而，图书馆实施知识管理是必要的。图书馆的知识管理是社会知识管理系统不可缺少的重要组成部分。

图书馆实施知识管理也是可能的。知识管理实施的前提与基础是丰富的知识资源，其目标是知识的共享与创新。首先，图书馆是知识的储存地与传播地，是一个巨大的知识库。其次，图书馆的基本职能是对信息、知识进行收集、整理并提供使用，这和知识管理的过程是基本一致的，只是知识管理更强调对知识的“创造性利用”。最后，图书馆的工作目标是把知识提供给需要它的人们，起到知识交流中介的作用，是科研活动的直接参与者，可以说图书馆是社会知识创新活动中的一个重要环节。我们完全可以说，图书馆已经在开展着知识管理活动，其进一步实施知识管理也是可能的。

二、图书馆知识管理的目标

不同组织的知识管理有着不同的具体目标。图书馆实施知识管理首先要实现图书馆学理论与实践的创新与发展；其次要构建一个全方位的以知识的积累、生产、获取、共享和利用为核心的战略，指导图书馆知识创新的方向；最后要形成有利于知识创新的图书馆文化与价值观，与其他科技工作者一道实现知识创新与科技创新。

三、图书馆知识管理的原则

（一）个体参与原则

知识管理强调的是“人人被管理，人人皆管理”的管理思想，即强调组织成员都要参与到组织管理中来。我们要培养馆员参与图书馆知识管理的积极性，鼓励馆员参与知识管理的各个环节，并善于发现他人的思维价值，要使馆员意识到自己所从事的工作是图书馆整个知识管理过程中不可缺少的一环，以此来激发馆员参与的积极性。个体参与原则既体现了管理者对馆员的尊重，又可以锻炼馆员的思维能力，并在组织中建立集体智慧的动力机制，使管理人员能够更好地决策，并使更多的馆员主动配合决策的执行。

（二）明晰原则

明晰原则一方面是指要让每位馆员明白馆内实施知识管理的具体目的、意义；另一方面是指实施知识管理过程中各环节工作人员要责权明确、分工明确，并制定明确、详尽的奖惩制度，对于积极参与知识管理并做出贡献的馆员要予以奖励，而对于懒散、懈怠、不认真履行其职责的馆员则要适当予以惩罚。在馆员间树立起管理者的威信，从而建立起一种开放与信任的环境，为知识管理的顺利实施打下良好的基础。

（三）积累、共享、交流原则

知识积累是进行知识管理的基础。一个组织，自它成立的第一天起，就会有很多的信息和知识产生，如果没有积累，这些信息和知识就会随时间的推移而消失，随着人员的流动而流失。而这些信息和知识一旦汇集起来形成组织的知识库、信息库，将是组织的一大财富。因此，组织一定要注重平时对信息和知识的积累。

知识管理强调组织内知识的共享，因此在知识积累的基础上要努力实现知识的共享。知识共享是指图书馆内部的信息和知识要做到尽可能地公开，要使每一个馆员都能接触到。另外，知识共享还要求馆员主动将自己的学习心得、工作经验经常地提供到图书馆的知识仓库中，共同进行知识仓库的建设与维护。

知识只有经过交流才能发挥其更大的作用。在图书馆内，知识的交流一方面可以通过图书馆的内部网进行，另一方面也可以通过定期开展馆员之间对工作经验、学习心得等方面的交流会进行。通过交流可以促进馆员间的相互沟通，在业务知识上互通有无，营造一种和谐的工作气氛，使图书馆的知识管理能顺利开展。

四、图书馆知识管理的特征

图书馆知识管理是知识管理理论在图书馆的具体应用。它不仅具有丰富的内涵，而且拥有传统图书馆管理无法比拟的优势与特征，主要体现在以下方面。

知识问题之所以在企业管理范围被首先提出并受到极大关注，是由于企业作为直接生产社会财富、创造经济价值的营利性组织对知识经济的冲击特别敏感。但知识管理问题决不仅仅是企业的事，它是关系整个社会知识经济发展的大课题，涉及有关知识汇集、加工、传播、利用的各个部门。尤其是图书馆这样被称为“知识宝库”的专门的知识管理部门，面对知识经济的挑战更应义不容辞地承担起自己的社会责任。图书馆知识管理与企业知识管理相比，除具有以人力资源管理为核心，以知识创新为目标，以信息技术为工具的共同点外，还有其特有的一些特征。

首先，图书馆的知识管理以显性知识为基础。图书馆知识管理是指利用图书馆自身当前可以利用的各类信息资源，包括印刷型图书期刊、各类电子文献、互联网上的相关信息，按照图书馆自身服务对象的需要区分为不同的主题，从知识集聚的高度进行分类聚合，在不同需求的读者与分散、杂乱的信息、资源之间架起一座便捷的桥梁。

人脑知识的外化可用文字、图形记录和处理，便于存储、加工、检索、传递、交流和共享。这些知识多以文献和数据库方式保存，这是图书馆知识管理的基础。知识是文献的内核，图书馆馆员所从事的知识组织、知识开发、知识服务和利用是创新的基础。他们从文献中不断吸收补充知识，把各种相关智力成果进行比较分析，抽取其精华，再融入自己的创造性思维，于是他人的知识变成自己的知识，并进行知识的扩大和再生产，创造新的知识。图书馆馆员就是应用信息技术、数字化技术、网络技术、信息处理技术、知识重组技术，对文献知识进行开发和重组，使原来的知识经过再创造后形成新的信息，新的知识集合。

其次，图书馆知识管理的社会性。企业知识管理的范围基本限于组织内部，它只看重对企业发展有用的那一部分知识，而且有时为了竞争需要，一些知识被加以保护，不对外公开。而图书馆知识管理具有社会性，图书馆知识管理的目的在于为社会营造良好的学习和创新知识的生态环境，是公开的、全面的知识管理，更具有广泛的社会意义。图书馆聚集知识的广泛性，提供知识的公共性，决定其知识管理的社会性。它有利于打破知识垄断，有利于知识创新和知识共享。

再次，图书馆知识管理具有导航功能。图书馆致力于对社会知识的有序化、结构化和系统化，如对文献的分类、编目、提要、编制目录、索引、综述及建立知识体系等，这是对浩如烟海的社会知识进行全面分析、筛选、集约、精化的过程。正是由于有了这个过程，人们才能方便地根据某种规律和线索去认识、查找所需的信息、知识，而不至于在知识的海洋中迷航。这一点是图书馆知识管理的优势所在，是其他社会组织所望尘莫及的。

最后，图书馆知识管理的效益的潜在性和间接性。企业是营利性组织，利益目标十分明确。它的一切知识管理活动都围绕着经济效益进行，利润指标是衡量知识管理效果的基本依据。而图书馆是公益性组织，其知识管理的效益最终是通过读者在阅读文献中接受和积累知识，提高素质，启迪智慧，激发创造灵感来体现的，直接受益人是通过图书馆利用知识的组织和个人。虽然人们从理论上多不会否定图书馆对促进社会物质文明和精神文明的作用，但由于这种作用常是分散的、潜移默化的，一般不直接与经济目标挂钩，难以在短期内做量化评价，因此实践中，在急功近利的社会心态下，很容易被人们忽视。

值得注意的是，目前许多企业已开始认识到了图书馆及图书馆馆员在知识管理中的作用，如微软公司总裁比尔·盖茨就曾对图书馆的工作予以高度评价，称“图书馆是一个非常重要的信息源，它在信息时代将发挥出前所未有的中心作用”，并称“微软图书馆是一个我们员工的加油充电站。虽然人们可以上网来获取大量的信息，但是图书馆所做的大量的不可代替的工作更有利于人们提高工作效率”，“微软的网页就是图书馆员制作的”。知识管理权威达文波特也认为：“图书馆员在知识管理中可以发挥核心的作用。他们掌握收集、编目、分类和传递知识的技能，他们善于掌握用户对知识的需要。”

五、图书馆知识管理的内容

（一）知识创新管理

知识创新则是一切创新的源泉，推动知识创新是知识管理的最终目标。因此，知识管理要求突破旧的方法与程序，达到新的层次。创新的目的是发展，它可以带来更广阔的发展前景，并带来更为科学的发展路径和更加人性化的发展策略。

图书馆知识创新管理就是对知识的产生、传播和应用及其由相关机构和组织所构成的网络系统的管理。它包括知识的理论创新管理、技术创新管理与组织创新管理三个方面。理论创新管理就是图书馆工作者利用科技手段，研究图书馆学，吸收和借鉴其他社会科学的营养，追踪国内外图书馆学的最新发展动态，发展和创新图书馆学，充实、更新与提高图书馆学的学科建设；技术创新管理就是针对图书馆工作中创新技术应用的管理，具体体现在对图书馆自动化发展的创新研究，图书馆网络化和数字化建设，图书分类法的使用状况及其更新研究及编目工作的研究等一系列图书馆工作技术的创新管理；组织创新管理是通过优化图书馆的职能部门与工作流程，建立一套符合现代信息环境下的有效的组织管理体系来支持和加强知识管理活动。

（二）知识组织管理

在网络环境下，各种文献信息呈指数增长趋势，这无疑给用户从繁杂的信息环境中捕获和提取解决问题所需的信息和知识带来极大困难，正如奈斯比特所指出：“我们正受信息淹没，但却渴求知识。”我们现在面临的问题，不是信息太少，而是信息泛滥、信息超载。这种情形迫切需要图书馆做好知识组织工作，不但要做好文献知识的组织工作，而且还要做好各种载体、各种单元知识的组织。即在知识捕获和预处理的基础上，通过知识挖掘，对信息进行精简、提取，发现隐含在信息中的有用知识单元，并对其进行集合组织，以便于人们识别和理解知识，知识管理所关注的一个核心是信息的超载和知识的匮乏。

传统的文献组织方法（如分类法和主题法）和信息组织方法（如文件方式、数据库方式、主题树方式和超媒体方式等）并不能解决大量数据的合理利用问题，知识组织的目标不应停留在简单的对知识存储进行整序和提供知识，而应该是融合分析、归纳、推理等方法来实现知识挖掘的知识表示过程。目前，针对知识组织和知识管理的多种智能技术和软件技术，如数据仓库（data warehouse）、群件（group ware）、知识挖掘（knowledge mining）、知识发现（knowledge discovery）、数据推送（push）、智能搜索（intelligent search）技术等已在图书信息领域中得到广泛应用，极大地提高了图书馆知识组织和管理的效率。

图书馆知识组织管理要求建立一套行之有效的组织管理体系来支持并加强知识管理活动，在此管理体系中一是要有知识主管（chief knowledge officer）来承担制订知识管理计划和协调各种知识管理活动；二是要通过对知识信息的收集、加工与整理，使无序的信息变为有序，使固化的知识得以活化，并且借助计算机和现代通信技术，使知识信息跨越时空传播；三是要成立知识流专门领导小组来管理各类的知识流动；四是建立支持知识管理的技术设施。

（三）知识开发管理

图书馆的知识开发是在知识组织的基础上，根据用户要求和图书馆发展的特定目标，通过知识重组和知识再造，形成用户决策所需要的知识解决方案或适合市场需求的知识产品的过程。知识开发过程中包含了图书馆馆员创造性的智力劳动，这种智力劳动使知识产品产生增值。图书馆知识开发关注和强调的是利用自己独特的知识和能力，通过对信息和知识的深层次加工，形成有独特价值的知识产品，解决用户凭自己的知识和能力所不能解决的问题，从而实现自身在社会知识创新、知识扩散和知识应用链条上的独特价值。

知识重组和知识再造是知识开发的两个重要环节。知识重组是在特定目标指引下，寻求知识间的内在联系及未来动向，形成动态知识系统的过程。知识再造是在知识重组的基础上，通过图书馆员的智力劳动，在现有知识水平、知识联系及知识未来水平预测的基础上形成新知识的过程。这种新知识表现为决策所需求的知识方案、设计方案及知识产品。

图书馆的知识开发重要的是利用现代信息技术与检索技巧，在纷杂的信息中发现新的知识点及知识间的关系，将其组织到按一定知识体系建设的数据库中，通过网络技术等传输工具，使人们能够方便地尽快地检索到有关的数据库与知识。

开发网络资源是目前图书馆获得有价值的资料与信息的最主要的途径。网上的信息资源是广泛的、无序的、分散的，图书馆应将分散在网上的各种信息，通过开发、整理、分析与鉴别，使大量的无序的信息变为有序的信息，把有用的、有价值的知识，通过网络等多种形式传送给用户，使知识为教学、科研和社会服务。

（四）知识应用管理

图书馆知识创新、组织、开发的最终目的是知识的应用，以便最大限度地实现知识的功能与效益。为此，面向21世纪的图书馆应开展基于高速信息网络的知识服务，这包括以下几方面。

（1）为企业、政府、社会团体、科学机构建立虚拟图书馆。针对这些企事业单位的人力、物力和财力的不足，图书馆即可利用高速网络信息资源，围绕各自所需而提供知识服务。

（2）为用户开展多样化、深层次、全方位服务。一要面向业务，建立各种书目系统；二要让用户共享高速网络知识信息，同时又要有效配置网络信息资源，建立起功能齐全的网络知识信息、服务系统；三要面向社会实行知识产业化管理服务机制。

（3）图书馆资源数字化。电子图书馆或数字图书馆是知识经济时代图书馆的技术模式和发展方向。今后图书馆知识信息服务必须从建设赋有专业特色的、能够在高速信息网络上运行的中外文电子期刊、图书数据库开始，努力将现有的大量非电子知识信息资源最大限度地转换成电子信息，集成在电子图书馆中。

可见，成功的知识应用管理应达到三个效果。

（1）更好地共享已有的知识，将隐晦的知识更加明晰化，并尽快传递到需要者手中发挥作用。

（2）更有效地将有价值的思想或观念转化为知识产品。

（3）更多地应用更高级、更尖端的现代管理知识方法，以便图书馆在知识应用管理中实现物质文明与精神文明的协调发展。

（五）人力资源管理

著名的管理学教授野中郁次郎（Ikujiro Nonaka）曾说：“只有人类才能在知识创新的过程中扮演核心角色，无论计算机的信息处理能力有多强，它们终究不过是人类的一种工具。”人是知识管理的核心要素，是显性知识的管理者和隐性知识的拥有者。知识管理是以知识为基础的管理，人是创造、传播、运用知识的主体，人的智力因素将决定经济发展的水平。知识管理的重要任务就是发掘组织内每一个员工的最大潜力，调动他们的积极性，创造一种隐性知识和显性知识互动的良好机制和文化氛围，使知识得到充分的共享，保证个人能力的发展与组织创新能力同步成长。

人力资源管理是图书馆知识管理的核心内容，其目的是通过建立知识激励机制，有效地发挥个体成员的知识能力与开发潜能。在新经济时代，图书馆的管理者应转变观念，对图书馆馆员应给予充分的信任，鼓励馆员不断学习，增强使命感和责任感，树立竞争观和效益观，造就一批有创新能力的知识型馆员。内容应由以下几项构成。

（1）制定有利于知识管理的组织管理措施和人事制度，建立网络化的馆员关系和工作方式，使组织的关系呈侧重横向的平等关系，弱化岗位角色，馆员得以共享信息和知识资源。

（2）重视馆员多重业务能力的培训，使馆员在工作上具有更大的灵活性，培养馆员对他人的才干和能力的敏锐感，学会重视差异和信赖彼此的能力，使图书馆从一种贬值文化转向增值的文化。

（3）设立奖励制度，鼓励馆员不断更新知识、超越自我，激励个人通过知识的更有效利用提高个人的创新能力，提高集体知识共享、转换能力，增强组织持续创新的核心能力。

（4）建立公平竞争机制，推行竞争上岗，明确职责，使馆员身临既有压力又有奔头的健康竞争环境中，满足馆员发展和完善自我、达到自我实现的需求。

六、图书馆实施知识管理的案例

图书馆界对知识管理的实施在很大程度上借鉴了企业的知识管理思想，可是目前真正提出实施知识管理的图书馆为数很少，部分图书馆虽然没有明确提出实施“知识管理”，但其对学习型组织的应用实践及机构改革、组织文化的建设等，为知识管理落脚于图书馆营造了知识共享的文化氛围，建立了知识共享机制。

良好的文化环境与知识共享机制是实施知识管理的必要条件，图书馆只有营造一种知识共享的文化氛围，让每一位馆员愿意贡献自己的隐性知识给集体知识库，才能使信息技术真正融于图书馆管理与知识服务之中，实现有效的知识管理。美国学者金姗·冈瑟（Kim Guenther）认为，相对于组织的技术计划，“组织文化”“学习型组织”“知识交流”看似过于抽象，但它们往往决定着知识管理系统的最终成功，这些“软件”因素将贯穿于互联网建设的每一步。

（一）上海图书馆的知识管理实践

上海图书馆是明确提出知识管理的少数图书馆之一。在具体实施中，首先实施形象识别系统，创建有利于知识管理的图书馆组织文化。包括理念识别系统、行为识别系统、视觉识别系统。其次，为了增强员工的学习能力和创新能力，实行员工培训学分制，每位员工在一年中必须学完一定的学分才能考核合格。各部门必须制订培训计划并有规定比例的培训经费的保证，而部门中的成员必须满学分才能评为文明部门。上海图书馆还进行图书馆馆员职业资格证书的实践探索。为了激励员工知识生产与知识创新，从2001年开始，先后施行了评选优秀成果奖、优秀服务奖和金点子奖。

上海图书馆成立专门组织研究了实施知识管理的可能性，并在几个研究部门进行了知识管理的试点，在协同工作、固化文件等方面实施了分级管理。总的来说，该项工作目前虽还停留在内部管理方面，但将会很快向更广范围渗透与扩展，上海图书馆今后会在知识管理实践方面做更多的尝试。

另外，上海图书馆在知识管理系统方面也已着手建设。在服务层面上，上海图书馆的知识管理有几大特色：一是大力推进以知识服务和知识导航为特色的知识管理，组建国内首家集资源和专家优势于一体的虚拟参考咨询服务形式的“网上联合知识导航站”；二是重视知识联盟建设，实现国际、国内知识共享；三是让信息与读者互动，提供个性化知识服务；四是开发隐性知识资源，重视用户教育。

（二）亚利桑那州立大学图书馆对学习型组织的应用实践

亚利桑那州立大学图书馆是较早进行组织重整，并以建立团队组织与学习型组织为主的机构。首先在馆内成立了一个政策指导委员会，主要负责宏观的组织设计，最终目标是要满足顾客之需求。最初成立了不同功能的10个小组，负责各项工作的细节规划与执行，各组组长由政策指导委员会精心挑选出来。员工被鼓励依据自己的背景与专长参加不同的小组，使各小组发挥应有的功能。该馆为了加强各组间的协调与沟通，每6个星期要求各组轮流向全馆馆员做业务报告。

为了让图书馆所有成员了解到他们对自己所属的小组及组织负有一定的责任，该馆针对所有员工提供有关学习型组织基本概念的训练课程。第一阶段，以建立团队组织与灌输学习型组织含义与概念为主要工作；第二阶段，带领整个图书馆团队认同共同愿景，以及评估团队的工作需求、建立绩效的评价标准、定义每个小组的主要功能、建立个人工作绩效及学习计划。

该馆经过组织重整的过程后，得到了下列几项对图书馆发展组织的共同愿景。

（1）以读者为中心。

（2）持续进行读者需求分析。

（3）使读者自给自足。

（4）对工作小组人员授权。

（5）决策分析以数据为依据。

（6）注重人员之开发与训练。

（7）不断地改变与改善。

他们认为，以这种愿景为导向的管理方式，比传统以个人绩效为导向的管理方式更有效率，该图书馆因而享受到多项成果，包括培养馆员的多项技能、馆员与师生间的关系更为融洽、馆员能以数据分析的方式解决问题、节省成本、服务品质提升等。该馆一直对推动学习型图书馆尽心尽力，并经常针对图书馆界人士举办相关主题的研讨会，以协助其他图书馆成功地建立学习型组织。

从以上实例可以看出，目前图书馆界的知识管理实施的主要内容多为以知识共享组织文化的营造与学习型组织的建立，客观上为进一步的知识管理实施准备了文化氛围与建制基础。虽然明确提出知识管理的图书馆还是少数，但是图书馆的决策者已经越来越关注知识管理，并有意识地把知识管理思想引进图书馆，可以预见，图书馆界的知识管理必将如火如荼地展开。

第三章　我国现代图书馆学若干新兴主题分布与研究趋势

第一节　现代图书馆学若干新兴主题的调查与确认

本文对新兴主题的调查分为两部分。第一部分是问卷调查，本次调查采取匿名的方式，笔者将电子调查表上传至互联网，被调查者在线即可完成（网址为 www.51diaocha.com/w/1090591.htm），调查对象主要为本校(即黑龙江大学)图书馆学专业的在校生，与已毕业有过相关工作经验的图书馆工作者。第二部分是期刊论文统计，作者考虑到期刊的权威性及数据的复杂性，所以本文仅将图书馆学的 19 种核心期刊作为统计对象。最后，将调查问卷与期刊论文统计的结果相结合，从而确定本文的 10 个新兴主题。

一、调查表的设计

传统的问卷调查是以纸质版为主，虽然纸质的问卷调查具有高回收率的优点，但同时也具备一些缺点。例如，纸质问卷调查受地域的限制，调查范围比较局限；纸质问卷调查回收时间较长，后期的结果统计较为复杂。随着互联网应用技术的发展，电子调查问卷逐渐成为一种趋势，这种电子形式的调查相对于纸质问卷调查有所改进，被调查者只需利用互联网在线填写问卷即可。所以本文作者经过综合考虑，最终选择以电子问卷调查的形式进行调查。

调查表由两个内容组成，即被调查者的基本情况与新兴主题调查表，如表 3-1 所示。本次调查虽然采用匿名的方式，但要求被调查者填写学历/学位、职称和工作或学习单位名称这三项，目的是对被调查者的基本情况做一个简单的了解，进而保证本次调查结果的真实性及增强结果的可信度。作者在线共发放了 135 份调查问卷，最后回收的合格调查问卷为 105 份，即合格率为 77.78%。所以，最后将对 105 份调查问卷进行统计分析。

表 3-1　调查问卷设计

被调查者的基本情况

学历/学位	职称	工作或学习单位名称

注：“学历/学位”包括正在攻读的学历及学位

新兴主题调查表

（请在相应栏中的“口”处标记“√”）

序号	主题名称	是否认为新兴主题	
		是	否
1	阅读推广	□	□
2	移动图书馆	□	□
3	真人图书馆	□	□
4	智慧图书馆	□	□
5	泛在图书馆	□	□
6	泛在服务	□	□
7	民营图书馆	□	□
8	知识自由	□	□
9	图书馆社会责任	□	□
10	图书馆社会包容	□	□
你认为还有哪些新兴主题：			

期刊论文统计是对调查问卷中的 10 个主题词进行统计，期刊限定在 19 种核心期刊，时间从 2010 年开始计算，目的是考查这 10 个主题词在近几年核心期刊的出现频次，以此来确定主题的研究热度。在《中国学术期刊网络出版总库》（CNKI）中，运用高级检索，发表时间精确到 2010. 1. 1～2015. 12. 31，文献来源选择核心期刊——第三编文化、教育、历史——图书馆事业、信息事业类，将六千多条数据导出至 EXCL 表中，再进行统计计算。

在 EXCL 表中，先对这些数据进行分列处理，将所有数据合并成一列，再插入数据透视表来对主题词求和，频次按降序排列，统计出近五年主题词的出现频次。由于主题词的频次差距较大，同时删除人名、地名、书名等一些专有名词，最终获得一万多条主题词。本次期刊论文统计选择频次在 8 次及以上的数据，即一共 116 条数据，并按降序排列，如表 3-2。

表 3-2 期刊论文主题词出现频次统计

序号	主题词	频次	序号	主题词	频次	序号	主题词	频次
1	高校图书馆	531	40	层次分析法	19	79	创新服务	11
2	公共图书馆	287	41	理事会	18	80	被引频次	11
3	大数据	224	42	创新	18	81	真人图书馆	10
4	开放获取	87	43	科技查新	17	82	免费开放	10
5	关联数据	71	44	馆际互借	17	83	领域本体	10
6	阅读推广	70	45	理论研究	16	84	理论联系实际	10
7	服务模式	67	46	开放数据	16	85	个人信息	10
8	竞争情报	65	47	计量分析	16	86	泛在服务	10
9	机构知识库	65	48	读者	16	87	多维尺度分析	10
10	可视化	60	49	参考咨询	16	88	机器学习	9
11	移动图书馆	51	50	案例研究	16	89	馆员	9
12	共词分析	46	51	全民阅读	15	90	关联规则	9
13	本体	44	52	科研人员	15	91	法人治理	9
14	国家图书馆	42	53	共建共享	15	92	发展现状	9
15	对策	42	54	公共文化服务体系	15	93	电子图书	9
16	图书馆	38	55	服务体系	15	94	档案馆	9
17	科学数据	37	56	服务	15	95	情报研究	8
18	数字图书馆	36	57	泛在知识环境	15	96	科研机构	8
19	服务创新	33	58	儿童阅读	15	97	科学数据管理	8
20	比较研究	32	59	创客空间	15	98	聚类	8
21	个性化服务	31	60	科研数据	14	99	经典阅读	8
22	发展趋势	31	61	科学计量学	14	100	技术创新	8
23	聚类分析	29	62	技术接受模型	14	101	互动	8
24	智慧图书馆	28	63	共现分析	14	102	核心专利	8
25	理论与实践	28	64	开放式创新	13	103	国际图联	8
26	读者服务	28	65	个性化推荐	13	104	古籍保护	8

序号	主题词	频次	序号	主题词	频次	序号	主题词	频次
27	民营图书馆	25	66	分析	13	105	格式规范	8
28	服务质量	25	67	绩效评价	12	106	高被引论文	8
29	电子政务	24	68	绩效评估	12	107	服务平台	8
30	大学生	24	69	合作	12	108	反恐情报	8
31	电子书	23	70	个人隐私	12	109	发展策略	8
32	法人治理结构	21	71	泛在图书馆	12	110	读书会	8
33	版权	21	72	第三空间	12	111	地方文献	8
34	馆藏资源	20	73	标准化	12	112	大规模开放在线课程	8
35	电子资源	20	74	图书社会责任	11	113	传播模式	8
36	电子商务	20	75	结构方程模型	11	114	出版流程	8
37	可视化分析	19	76	基层图书馆	11	115	博物馆	8
38	可持续发展	19	77	会议通知	11	116	比较分析	8
39	公共文化服务	19	78	馆藏建议	11	117		

二、调查结果

本次调查共发出135份调查表，信息不完全的视为无效，最终有效的调查表为105份，回收率达77.78%。其中约为83%的被调查者的学历为硕士，包括在读和已毕业的研究生。从地域上来看，被调查者主要集中在黑龙江地区，占调查人数的40%，其他省份、地区略有分布，这主要与地域及学校因素有关，但对调查结果并不会有太大的影响，如表3-3。

表3-3　调查问卷地区分布

地区	回答人数	完成率（近似值取小数点后两位）
黑龙江省	42	40%
北京	12	11.43%
山东省	6	5.71%
辽宁省	6	5.71%
江苏省	6	5.71%
上海	6	5.71%
浙江省	3	2.87%

地区	回答人数	完成率（近似值取小数点后两位）
天津	3	2.87%
吉林省	3	2.87%
重庆	3	2.87%
河南省	3	2.87%
甘肃省	3	2.87%
安徽省	3	2.87%
其他地区	6	5.71%
本次有效填写人数	105	

三、若干新兴主题的确认

在调查表“你认为还有哪些新兴主题”这一项中，被调查者给出以下几种答案：大数据、开放获取、图书馆理事会、文献政治学、法人治理等几种答案。其中“大数据”与“开放获取”在期刊论文统计中排位靠前，即近五年出现频次较高，并且集中研究的时间主要为近几年，而调查表中的“知识自由”及“图书馆社会包容”在期刊论文统计中出现频次较低，并没有出现在所列表格中。最后将问卷调查与期刊论文统计相结合，重新确定本文的新兴主题词，分别为大数据、开放获取、阅读推广、移动图书馆、真人图书馆、智慧图书馆、泛在图书馆、泛在服务、民营图书馆、图书馆社会责任。

第二节 现代图书馆学若干新兴主题的分布

在《中国学术期刊网络出版总库》(CNKI)中，学科领域选择“图书情报与数字图书馆”，检索条件为“主题”，分别输入10个主题，时间截至2015年12月31日，来源类别为“核心期刊”，依次对各个主题进行检索，并将结果进行整理。经过作者的初步观察与统计发现，这些主题中最早的研究是从2000年开始，21世纪初期对这些新兴主题的研究较少，故最终时间限定在“2000年1月1日～2015年12月31日”。值得注意的是“移动图书馆”与“民营图书馆”这两个主题出现了同义或近义词，移动图书馆的提法包括手机图书馆、无线图书馆、掌上图书馆、流动图书馆等，民营图书馆的提法包括民间图书馆、私人图书馆、民办图书馆、私营图书馆。学界虽对这一问题存在争议，但本文不予探讨，故将这些词都视为同一词，一并对这些数据进行统计。下面将从数量分布、时间分布两个方面来具体分析。

一、数量分布

作者通过对数据进行整理后，从整体角度来看，将各个主题分别在十九种核心期刊中的发文量制成表格，并统计出这十个新兴主题在核心期刊论文总数的占比，如表 3-4 所示。经过对表格中数据的分析与对比，作者发现以下几个问题。

第一，《情报学报》是唯一没有关于新兴主题论文的核心期刊。十个新兴主题在其他十八种核心期刊中，或多或少均有论文发表，而《情报学报》在统计时间的十五年中没有一篇新兴主题的论文出现，这不免在图书馆学相关研究方面稍显逊色，不能及时、有效地反应图书馆学的最新研究成果。但是，再看期刊论文总数，2010 年至 2015 年这段时间情报学报一共只刊登了 230 篇论文，其他期刊的论文数量最少有 1501 篇，最多达到 7966 篇。从这些数据不难看出，《情报学报》是一个低产出的期刊，这或许是该期刊没有关于新兴主题论文的原因之一。当然《情报学报》等情报学刊物发表关于图书馆学的新兴主题论文较少，这也是比较正常的事情，虽然情报学与图书馆学有很多关联性，但毕竟有所差别，关注视角亦不同。不论怎样，作为图书馆学的一员都希望在核心期刊中更多地看到关于图书馆学的更好、更新的研究。

第二，新兴主题占核心期刊论文总数的比例较低。作者经过统计与计算，得出新兴主题在核心期刊论文总数的平均比例为 3.02%，高出这一比例的期刊达到一半。其中最高比例来自《图书与情报》，新兴主题占核心期刊论文总数的 6.15%。通过这组数据我们可以看出，新兴主题在核心期刊的总论文数量占的比重较小，也就是说关于新兴主题的论文发文量比较少。图书馆学的学者们不应只局限在一些传统的研究角度，应该将研究的角度放得更宽，可以通过跨学科交流从中发现一些新的立意，或是结合时代的发展寻求新的思路，以此来丰富图书馆学的知识，促进图书馆学更快、更好地发展。

第三，新兴主题的发文量差距较为明显。为了更清楚地看到对比效果，作者制作了一个条形图（图 3-1）。从条形图中可以看出，各个新兴主题的发文量变化较大。其中五个主题的发文量较为突出，发文量最多的是阅读推广，数量达到 508 篇，其他四个主题按降序排列分别为移动图书馆、开放获取、大数据、民营图书馆，数量分布为 399 篇、340 篇、338 篇、121 篇。而剩余五个主题则发表的论文数量较少，数量也较为接近，泛在服务是这 10 个新兴主题中发文量最少的，数量仅为 24 篇。阅读推广、移动图书馆、开放获取、大数据、民营图书馆这五个新兴主题发表的论文数量较多，可能与受到当下时代大背景的影响有关，与越来越多人的生活息息相关，这 5 个主题词获得图书馆学的学者更多的关注和研究。但是图书馆社会责任、泛在图书馆、智慧图书馆、真人图书馆及泛在服务这五方面仍是图书馆亟待开发与发展的方向，并没有受到大众广泛的认可及关注，甚至很多人都没听过这些主题词，更不用说了解了。图书馆学的学者不应只将这些词停留在理论层面，更应该将理论与实践相结合，让更多的读者体会、享受到图书馆更多元化的服务，同时也能促进理论知识的快速发展。

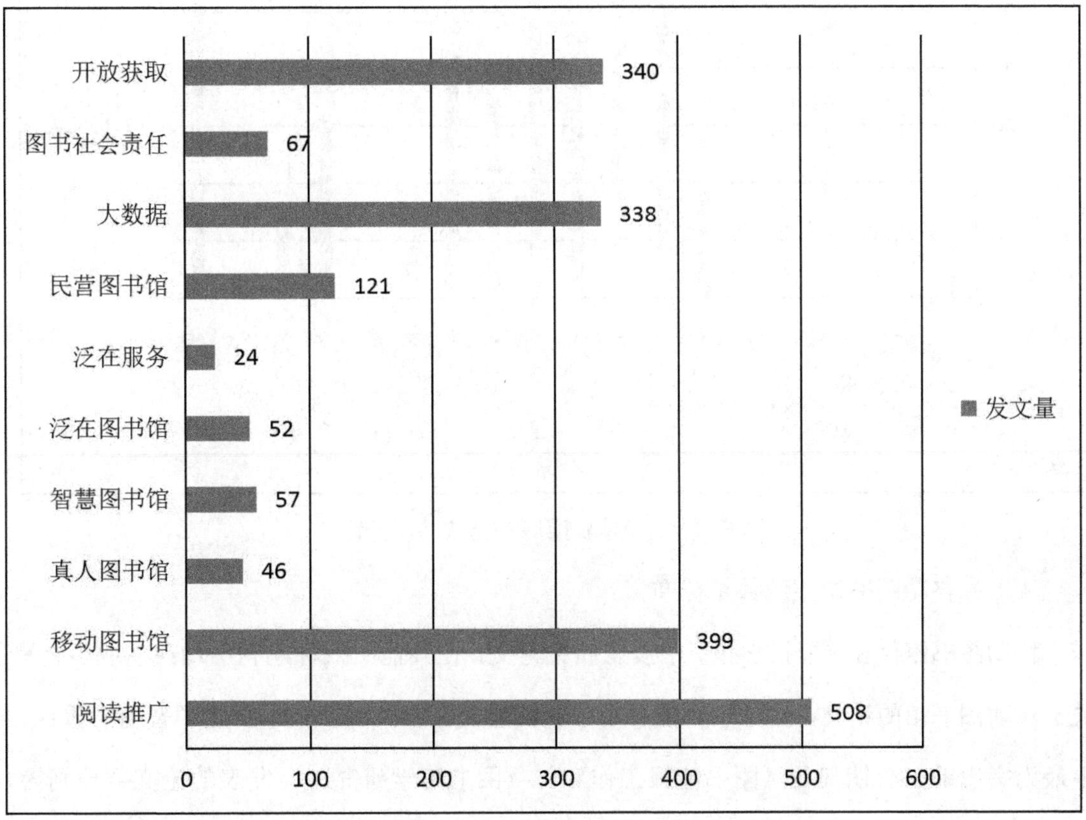

图 3-1　数量分布对比图

从整体角度分析新兴主题的分布后，作者采用柱形图的方式表现并将分别对这 10 个新兴主题进行具体的阐述，以期更清晰地表达新兴主题的数量分布。

（一）阅读推广主题数量分布

阅读推广在《情报科学》《现代图书情报技术》与《情报学报》中均没有相关论文，在其他十六种期刊中的论文数量差距较大。《图书馆理论与实践》发表了 78 篇关于阅读推广的论文，是核心期刊中发表最多的期刊，而个别期刊发文量较少，只有一、两篇，但大多数期刊发表的关于阅读推广的论文数量还是比较多的，且较为接近，如图 3-2 所示。

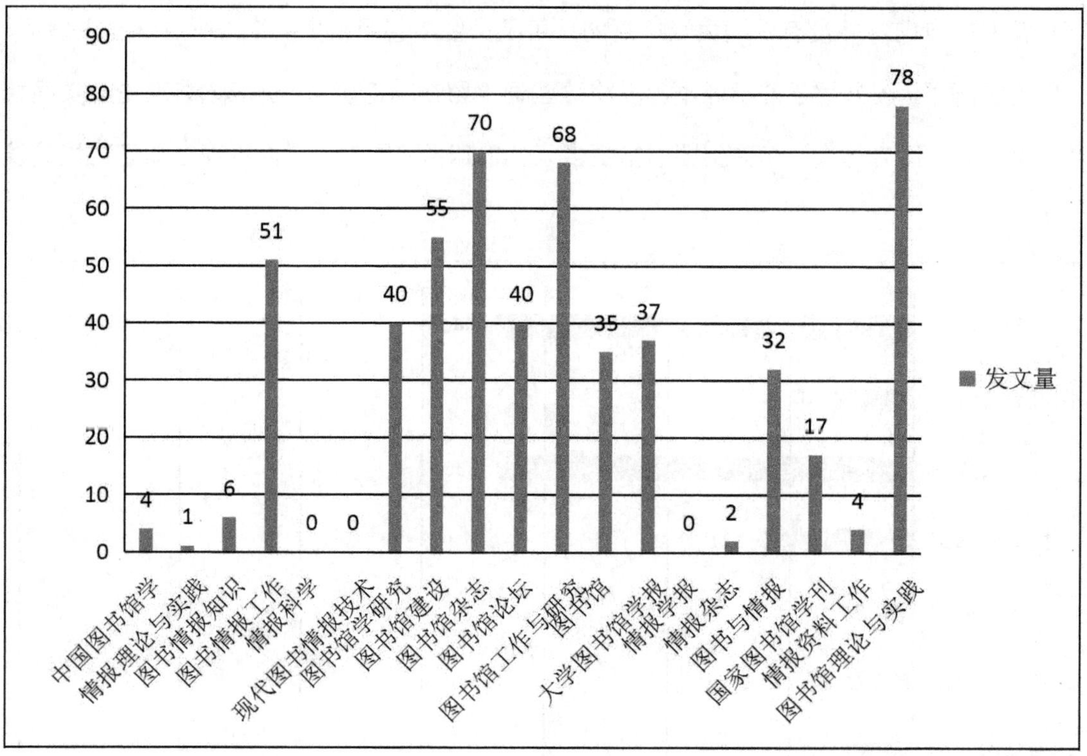

图 3-2　阅读推广主题数量分布

（二）移动图书馆主题数量分布

移动图书馆仅在《情报学报》中没有相关论文，在其他十八种期刊中均或多或少刊登了关于移动图书馆的论文，说明移动图书馆这一新兴主题在核心期刊中引起了普遍的重视。其中最为突出的核心期刊是《图书情报工作》与《图书馆学研究》，发表的论文数分别为 67 篇与 62 篇，其次是《图书馆工作与研究》43 篇和《图书馆论坛》37 篇，这四个核心期刊发表的移动图书馆相关论文较多，其他的期刊则相对较少，如图 3-3 所示。

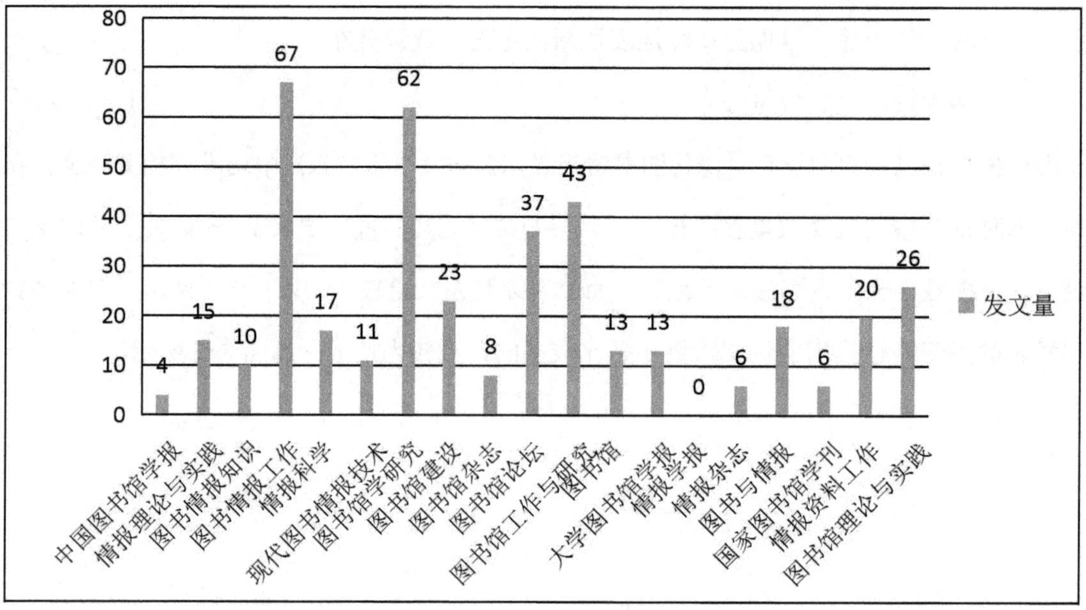

图 3-3　移动图书馆主题数量分布

（三）真人图书馆主题数量分布

真人图书馆除去在《中国图书馆学报》《图书情报知识》《现代图书情报技术》《情报杂志》及《情报资料工作》这五个核心期刊中无相关文章外，其他十四种期刊虽然有关于真人图书馆的论文，但是数量十分少。即使是发表论文数量最多的两个期刊《图书馆建设》及《图书馆工作与研究》也仅仅只有 10 篇及 6 篇文章。可以看出，图书馆学的学者在真人图书馆这一研究方向上稍显薄弱，理论研究并不充足，这可能与真人图书馆的起步时间较晚有关系。今后图书馆学的学者们可以将真人图书馆这一研究方向重视起来，实现真人图书馆理论与实践的共同发展，为图书馆用户提供更加人性化、多元化的服务，如图 3-4 所示。

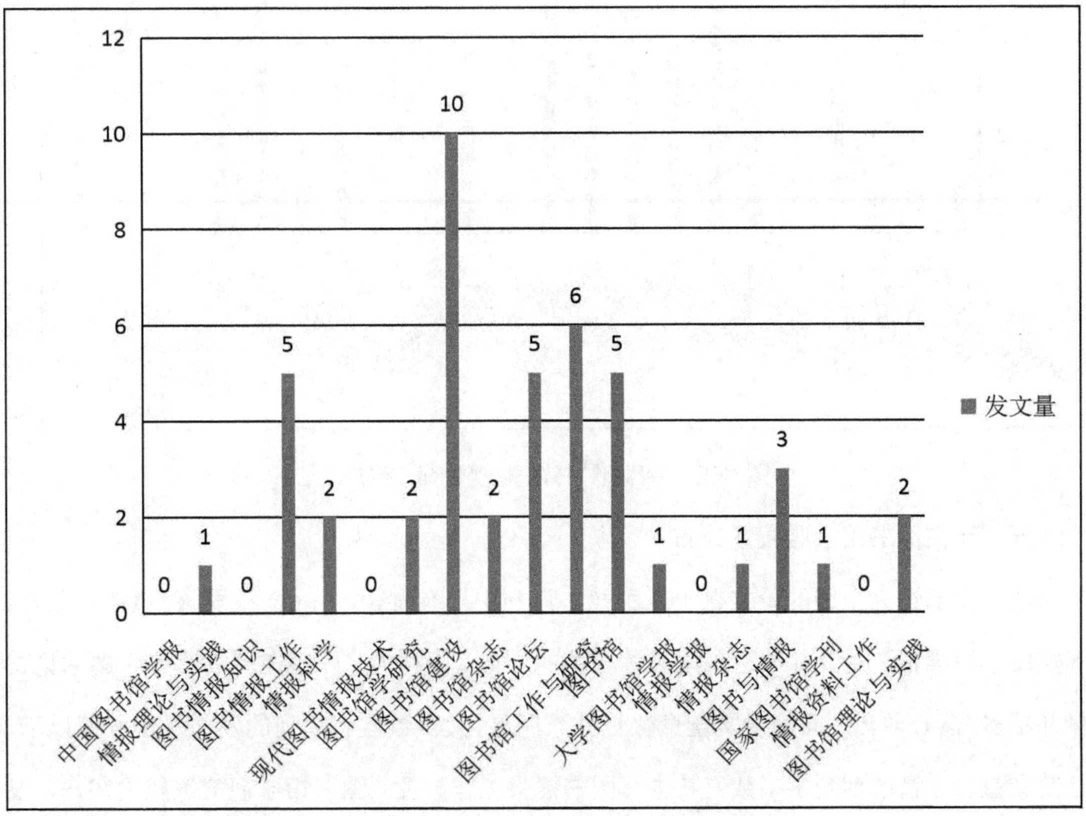

图 3-4　真人图书馆主题数量分布

（四）智慧图书馆主题数量分布

智慧图书馆同真人图书馆的研究情况基本一致。《情报理论与实践》《图书情报知识》、《情报科学》《情报学报》与《情报杂志》这五个核心期刊并没有以智慧图书馆为主题的相关论文，剩余十四种核心期刊发表的关于智慧图书馆的文章数量差距不大，基本上发文量集中在 5 篇以内，发表了 10 篇以智慧图书馆为主题的《图书馆学研究》和《图书馆工作与研究》为发文量最多的期刊。智慧图书馆这一主题或许也是受到发展时间较短的影响，近几年才刚刚开始获得关注，还有很广阔的发展空间。作者相信未来随着科学技术的飞跃发展，智慧图书馆也会渐渐融入人们的生活，与人们的生活息息相关、密不可分，对于智慧图书馆的研究也会越来越深入、越来越丰富，如图 3-5 所示。

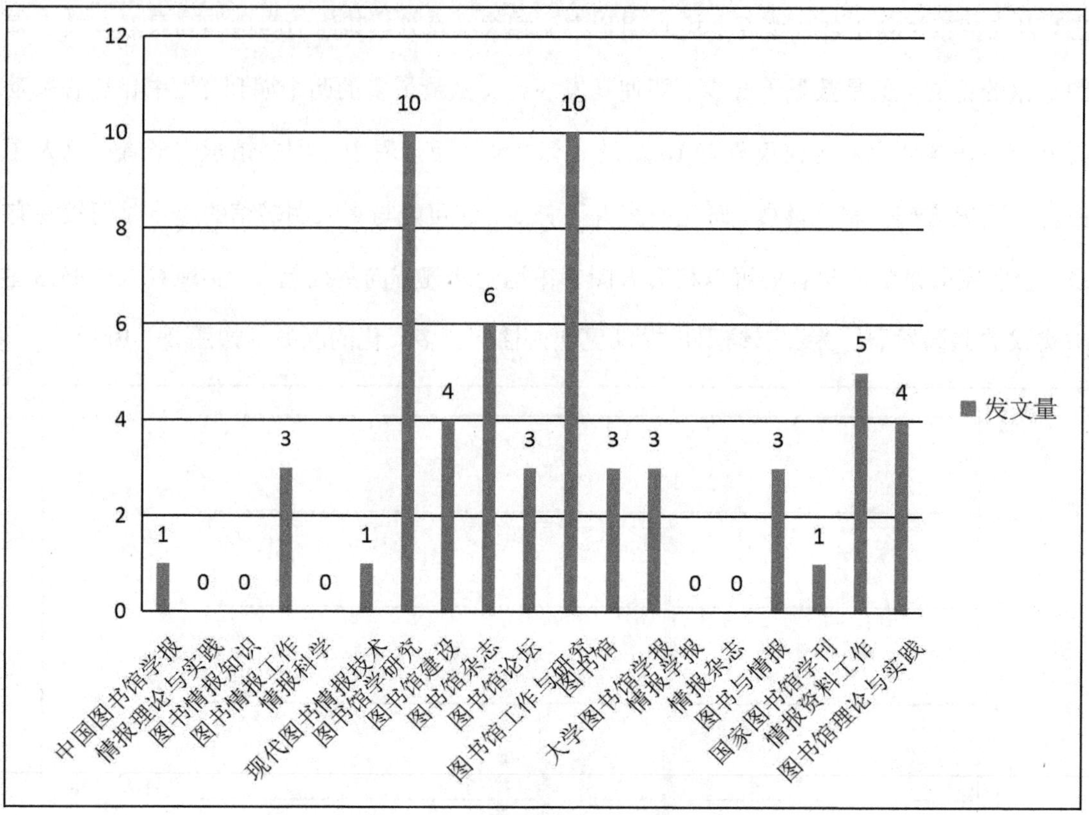

图 3-5　智慧图书馆主题数量分布

（五）泛在图书馆主题数量分布

以泛在图书馆为主题的论文在十六种核心期刊中均有发表，而《情报学报》《情报杂志》《国家图书馆学报》并没有与泛在图书馆相关的文章。同样的，以泛在图书馆为主题的论文数量并不多，核心期刊之间的发文量变化也并不明显，大多数核心期刊的发文量在 5 篇以下，而且发文量为 1 篇的期刊占多数。其中《图书情报工作》及《图书馆学研究》较为突出，发文量分别为 8 篇及 7 篇。图书馆学的学者对于泛在图书馆这一主题的关注较少，理论研究明显不足，需要更多的学者共同努力创造与开发出新的研究热点，为图书馆学专业提供更为丰富、多元的知识与内容，如图 3-6 所示。

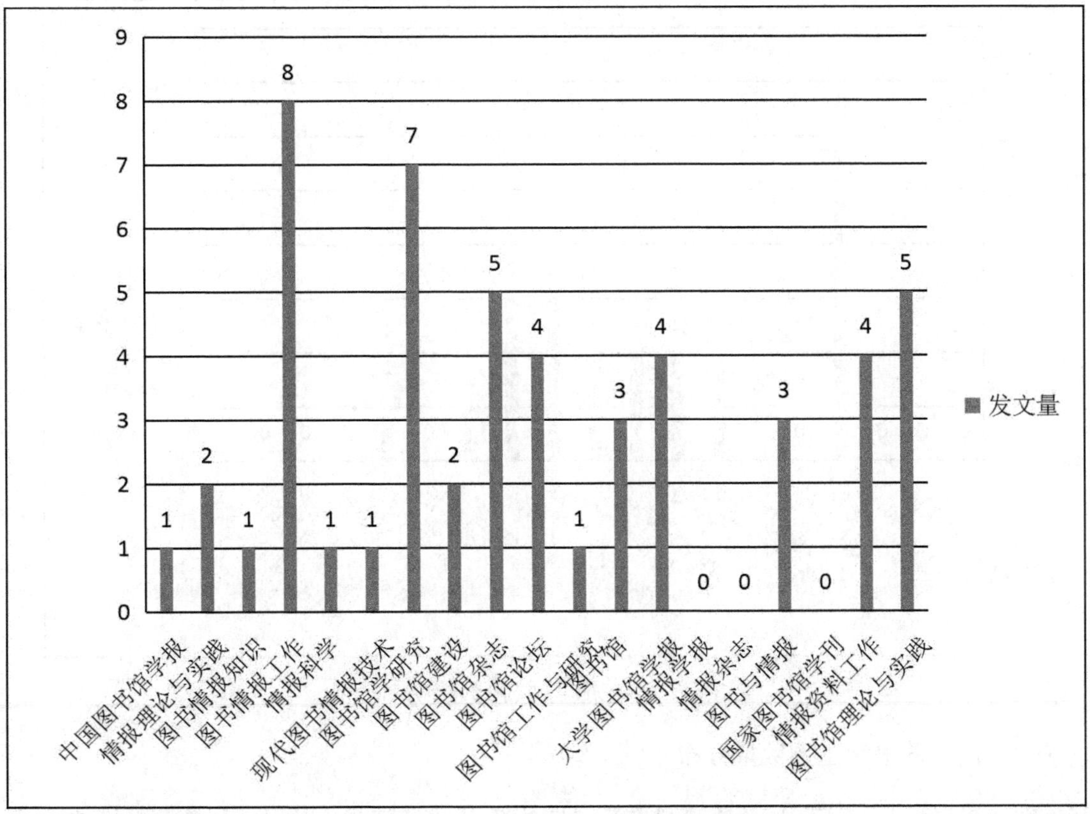

图 3-6　泛在图书馆主题数量分布

（六）泛在服务主题数量分布

泛在服务与泛在图书馆的关系密切，二者是相互影响的。泛在图书馆这一主题获得学者们的关注较少，泛在服务的相关研究也不多。以泛在服务为主题的论文数量在十个新兴主题中是最少的，并且多达九个核心期刊没有关于泛在服务的文章。《图书情报工作》发表的泛在服务主题的论文数量最多，一共 7 篇，而其余核心期刊发表的论文数量多数集中在 2 篇左右。虽然泛在服务的发展前景广阔，可能会成为未来的研究热点，但目前来说，以泛在服务为主题的理论研究严重不足，这可能会滞后泛在服务甚至泛在图书馆的发展。所以，图书馆学的学者们应对泛在图书馆及泛在服务引起重视，将理论与实践相结合，带动泛在图书馆及泛在服务的发展，如图 3-7 所示。

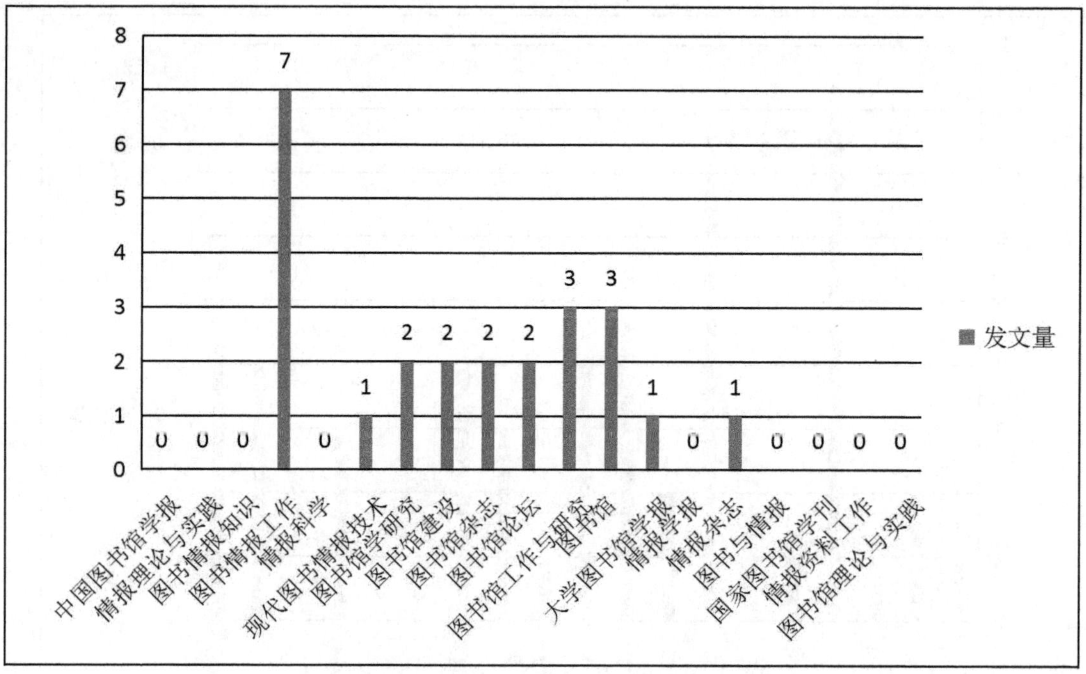

图 3-7　泛在服务主题数量分布

（七）民营图书馆主题数量分布

虽然《情报理论与实践》《情报科学》《现代图书情报技术》及《情报学报》四个核心期刊并没有以民营图书馆为主题的文章，但是关于民营图书馆的研究还是较为丰富的，在其他十五种核心期刊中的论文数量达到 121 篇。从柱形图中可以看出，民营图书馆的相关论文在核心期刊中的分布差距较大。《图书馆建设》与《国家图书馆学报》分别发表了 18 篇以民营图书馆为主题的论文，是发表该主题论文数量最多的期刊，而发表论文数量最少的仅为 2 篇，如图 3-8 所示。

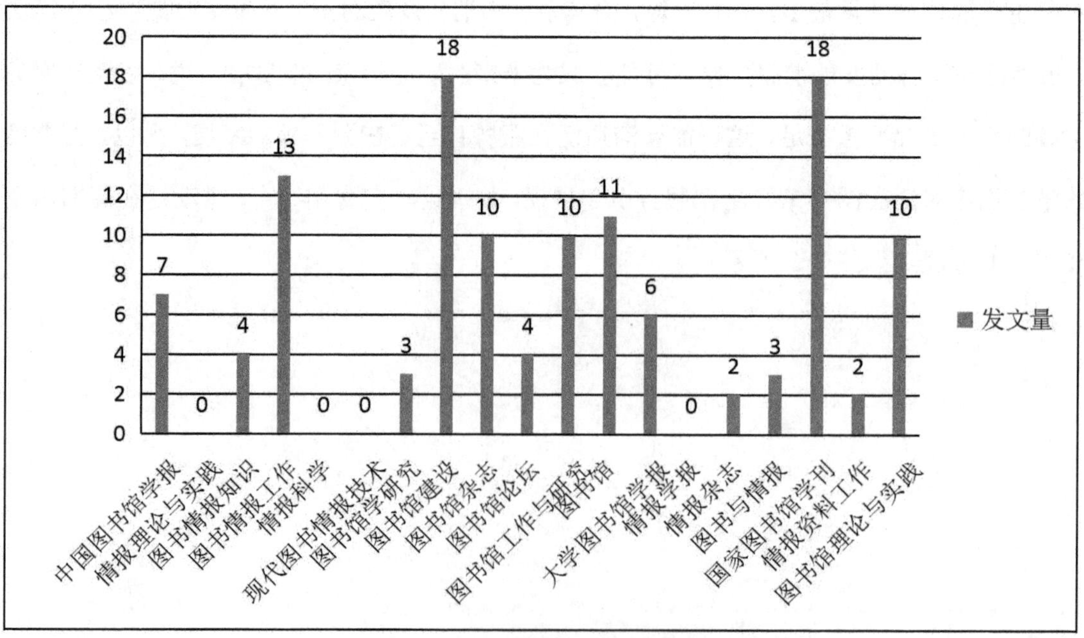

图 3-8　民营图书馆主题数量分布

（八）大数据主题数量分布

大数据的相关论文数量是十个新兴主题中数量最多的，除去《情报杂志》没有相关文章外，其他核心期刊均刊登了该主题的相关论文。从柱形图可以看出，各个期刊之间发表的论文数量差距十分明显。《图书情报工作》作为发表论文数量最多的期刊共发表了 50 篇，而发表论文数量最少的期刊分别为《中国图书馆学报》《大学图书馆学报》与《国家图书馆学报》三个期刊，仅仅发表了 3～4 篇相关论文，这与其他核心期刊形成了鲜明对比。虽然关于大数据的理论研究已经有了一定的基础，但也应注意在核心期刊中的分布平衡，以便更多的学者、学生及用户能够了解大数据，如图 3-9 所示。

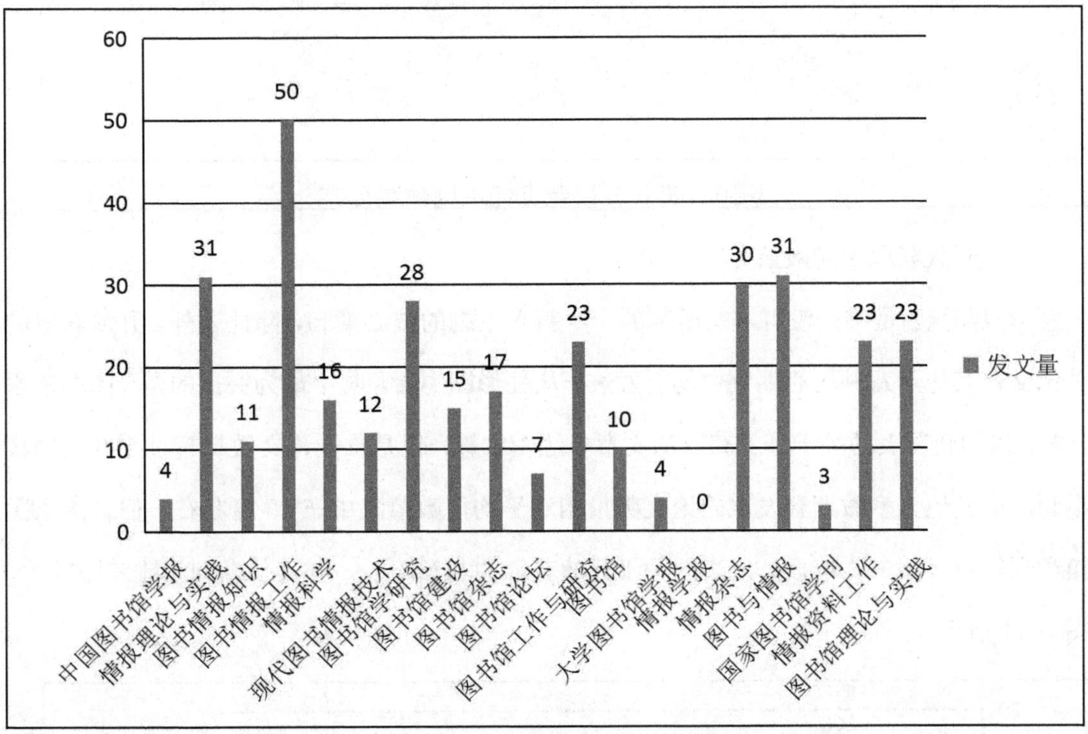

图 3-9　大数据主题数量分布

（九）图书馆社会责任主题数量分布

仅有《情报理论与知识》和《情报学报》两个期刊没有以图书馆社会责任为主题的论文，其他十七种核心期刊均有所涉及该主题。图书馆社会责任的相关论文数量分布同大数据的分布类似，两极分化明显。其中《图书情报工作》这一期刊发表的论文数量为 36 篇较为突出，大多数核心期刊的论文数量主要集中在 10 篇以上 20 篇以下。发表的论文数量最少的只有 3 篇，分别为《中国图书馆学报》《大学图书馆学报》与《国家图书馆学报》三个期刊，这与以大数据为主题的论文的情况是一致的，说明这三个核心期刊对大数据及图书馆社会责任两个新兴主题的关注程度不够，这两方面的相关研究并不充分，如图 3-10 所示。

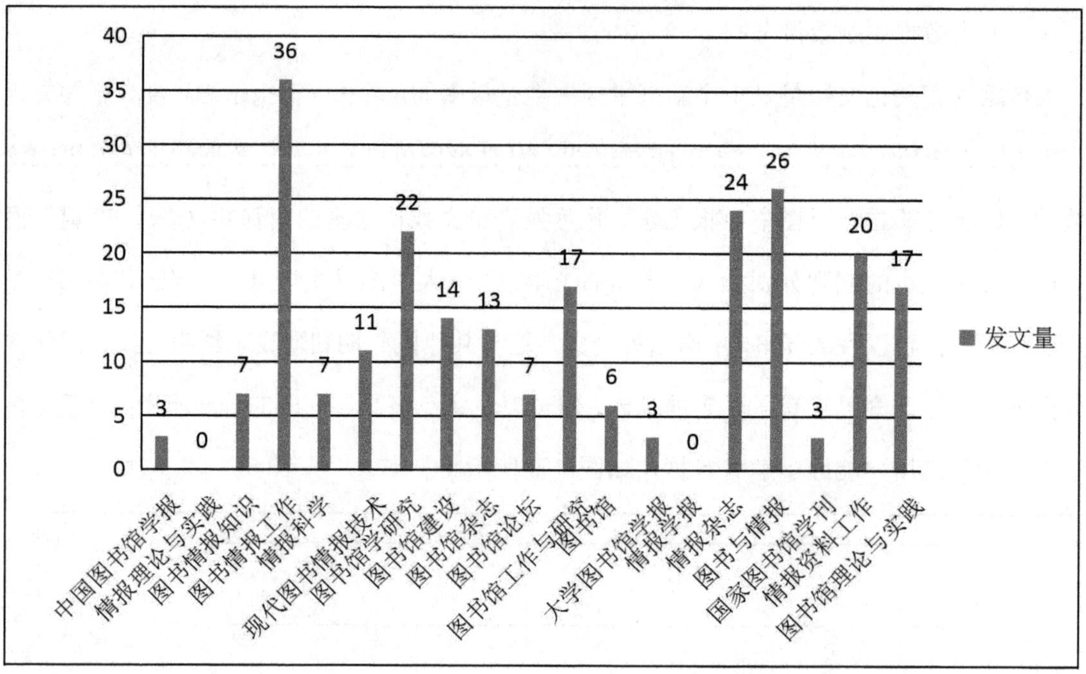

图 3-10　图书馆社会责任主题数量分布

（十）开放获取主题数量分布

《情报学报》是唯一没有本文所列的十个新兴主题的核心期刊，除此之外，开放获取的相关论文在其他十八种核心期刊中均有发表。从柱形图中看，其中最为突出的是《图书情报工作》，该期刊发表的关于开放获取的文章多达 106 篇，也是唯一论文数量超过 100 篇的核心期刊。而其他大多数期刊发表的论文数量相对平均，数量集中在 15 篇左右，但《国家图书馆学刊》及《图书与情报》发表的关于开放获取的文章略少，与其他期刊相比差距较大，如图 3-11 所示。

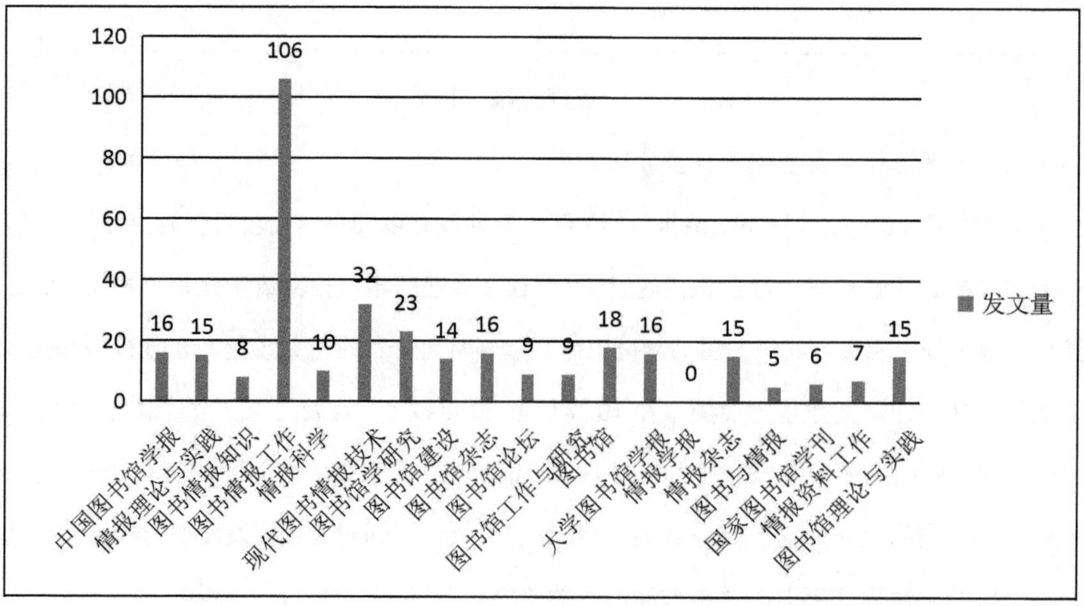

图 3-11　开放获取主题数量分布

二、时间分布

本文作者将数据按时间进行分类整理，并制成时间分布表，通过表格可以看到新兴主题在各个年份的论文数量，如表 3-4 所示。将新兴主题与时间进行横向与纵向的对比，能够体现一些新兴主题的时间分布特点。

表 3-4　新兴主题各年份分布

主题 年代	阅读推广	移动图书馆	真人图书馆	智慧图书馆	泛在图书馆	泛在服务	民营图书馆	大数据	图书馆社会责任	开放获取	合计
2000	0	0	0	0	0	0	3	0	0	0	3
2001	0	0	0	0	0	0	1	0	0	0	1
2002	0	1	0	0	0	0	2	1	0	0	4
2003	0	0	0	0	0	0	3	0	0	0	3
2004	0	1	0	0	0	0	2	0	1	0	4
2005	0	1	0	0	0	0	1	0	0	5	7
2006	3	2	0	0	0	0	3	0	0	8	16
2007	1	2	0	0	1	0	8	0	1	15	28
2008	3	7	0	1	5	0	12	0	0	20	48
2009	7	23	0	0	6	2	9	0	1	24	72
2010	13	29	2	0	5	3	4	0	15	38	109
2011	52	55	3	3	8	6	12	0	11	23	172
2012	63	64	9	6	11	1	10	11	10	26	211
2013	95	80	11	14	10	6	17	44	14	48	339
2014	115	74	10	14	2	6	12	114	9	70	426
2015	156	60	11	19	4	1	22	168	5	63	509
总计	508	399	46	57	52	24	121	338	67	340	1952

首先，新兴主题的发展大致可以分为三个阶段。第一阶段是发展初期，时间为 2000～2005 年，新兴主题基本没有兴起，只有个别主题略有体现。其中民营图书馆是出现最早的新兴主题，从 2000 年到 2004 年每年均有关于民营图书馆的论文发表，只是数量较少，最多

不超过三篇。移动图书馆、大数据及图书馆社会责任在这段时期也都有出现。第二阶段是发展中期，这段时期新兴主题略有发展，时间为2006～2009年。在这四年中，大多数新兴主题得到发展，有一定数量的相关论文体现，只是真人图书馆依然没有出现，获得关注的时间较晚。第三阶段是快速发展阶段，时间为2010～2015年。各个新兴主题的总体趋势是呈上升状态，相关论文数量有了明显突破，这段时期新兴主题的发展较为迅速，其中阅读推广、移动图书馆、大数据及开放获取的发展最为明显。

其次，新兴主题的发展主要集中在近几年，可以说2010年是分界点，2010年之前大多数新兴主题还没有兴起，2010年之后新兴主题基本有了明显进步。我们可以通过一组数据来对比一下，新兴论文总数一共为1952篇，在2000～2009年这十年期间，十个新兴主题的论文总数量仅为186篇，新兴主题占论文总数的比例约为9.53%；在2010～2015年这六年期间，十个新兴主题的论文总数量达到了1766篇，新兴主题占论文总数的比例约为90.47%，较前十年有了明显的突破。近几年新兴主题的快速发展与社会背景不无关系，由于之前受社会发展水平的限制，文中所列的十个新兴主题与当时社会发展并不相符，所以大多数新兴主题出现时间较晚；2010年左右随着社会环境的变化新兴主题应运而生，并得到一定程度的发展。

最后，新兴主题总体走势呈上升趋势，并且有望持续保持递进状态。作者为了更清楚地表现新兴主题总体论文数量的走势，用折线图表示，即图3-12。从时间分布对比图中可以明显看出，2000～015年新兴主题论文数量呈平稳上升趋势，2015年论文数量达到最大值509篇，就目前折线图的走势2016年可能会继续上升。通过折线图也能很好地体现前面所提到的新兴主题的三个发展阶段，发展初期折线较为平缓，增速缓慢；发展中期折线平稳上升，新兴主题得到一定程度的发展；快速发展阶段折线表现得较为陡峭，说明增速较快，由2010年的72篇新兴主题论文到2015年的509篇新兴主题论文，这段时期新兴主题受关注度明显增加，图书馆学的学者们开始将研究方向转移到新兴主题中来。

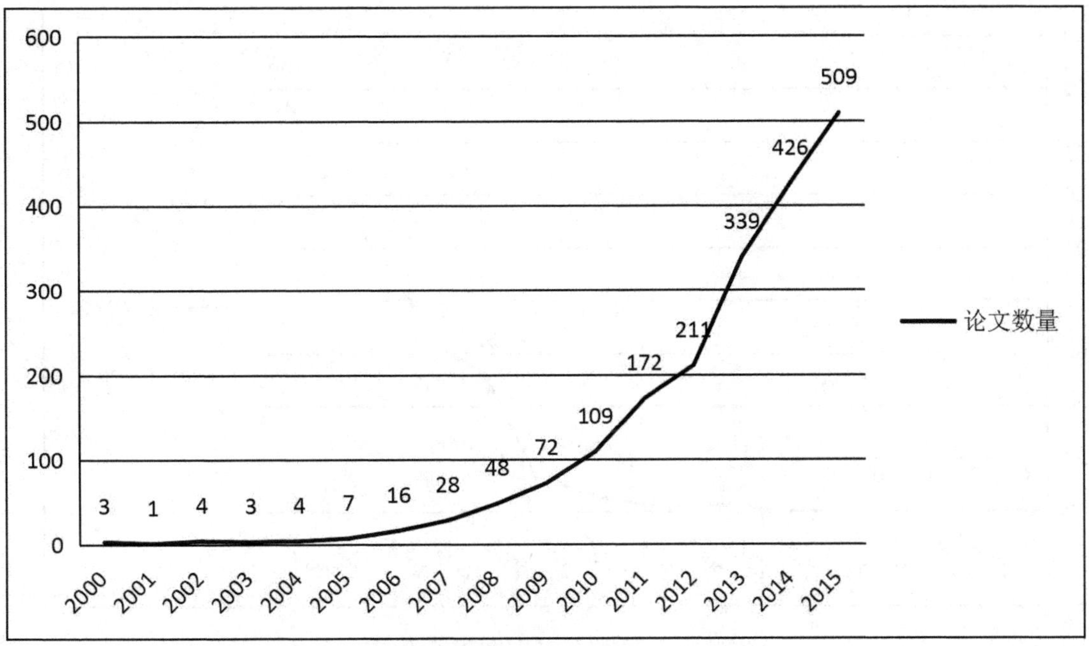

图 3-12 时间分布对比图

为了更清楚地表达每个新兴主题随时间的变化，本文作者为这十个新兴主题分别绘制了折线图，下面将逐一分析这十个新兴主题的时间分布。

（一）阅读推广主题时间分布

阅读推广的出现时间较晚，从 2006 年才开始发表相关论文，有 3 篇关于该新兴主题的论文。阅读推广随时间的整体折线图走势与图 3-12 的时间分布对比图相似，基本呈上升趋势，2015 年为论文发表数量最多的年份，达到 156 篇。但是阅读推广这一新兴主题的发展主要集中在 2011～2015 年，每年分别有 52 篇、63 篇、95 篇、115 篇及 156 篇，这相比 2011 年之前有了很大的进步。但相比传统新兴主题来说，新兴主题的发展仍然是一个长期而缓慢的过程。近几年阅读推广的发展与图书馆对用户服务的重视有很大关系，各地公共图书馆也会组织一些活动吸引全民参与，不再像以前那样脱离与群众的联系。现在更多的图书馆都意识到要增强自身吸引力来吸引读者，让更多的人了解图书馆、享受图书馆的服务，切实做好为用户的服务，如图 3-13 所示。

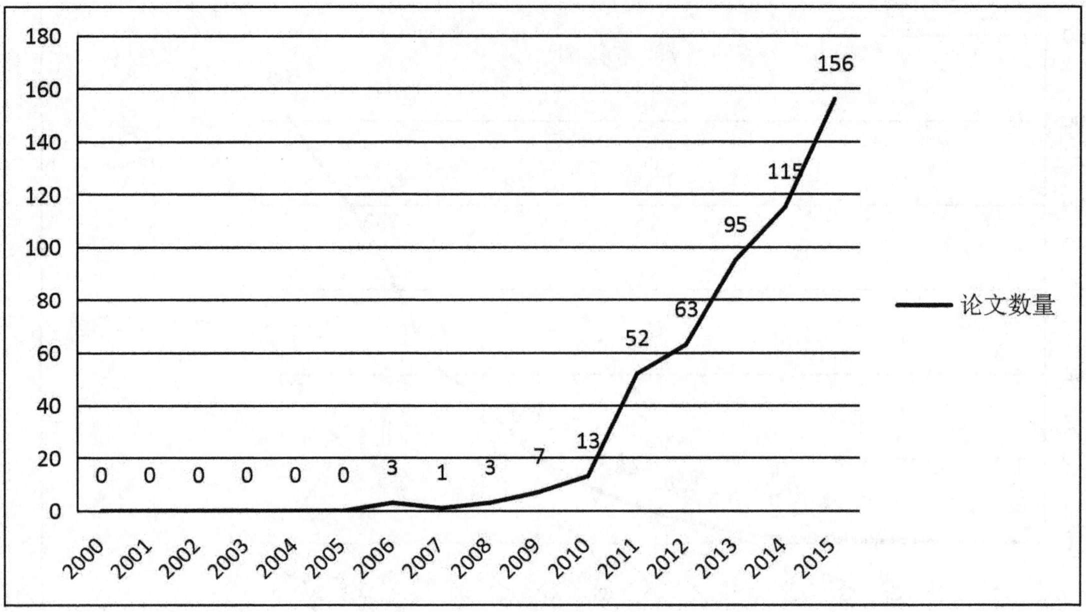

图 3-13　阅读推广主题时间分布

（二）移动图书馆主题时间分布

移动图书馆出现的时间较早，在 2002 年、2004 年与 2005 年均有表现，但是移动图书馆的相关论文数量仅仅为 1 篇。2009 年之前以移动图书馆为主题的论文仅有 14 篇，由于相关研究成果较少，并不能形成理论体系，只是为移动图书馆方面的理论知识奠定了基础。移动图书馆有所发展是从 2009 年开始，2013 年关于移动图书馆的研究成果最多，共发表了 80 篇论文，2014 年和 2015 年均有所下降，对移动图书馆的关注度减弱，相关研究成果有所减少。由于互联网技术的发展，公民对于手机等移动设备的依赖度越来越高，并且移动设备将不断加深对人们生活、工作等各方面的影响。移动图书馆可以提高读者对图书馆的利用效率，用户可以更好地享受图书馆的服务。所以，对于图书馆来说，移动图书馆是必然趋势，其将成为图书馆很重要的一部分，代替图书馆完成一部分职能。目前而言，移动图书馆并没有得到充分发展，因此，对于移动图书馆的理论研究就显得十分重要，并将理论与实际结合起来促进移动图书馆的进一步发展，如图 3-14 所示。

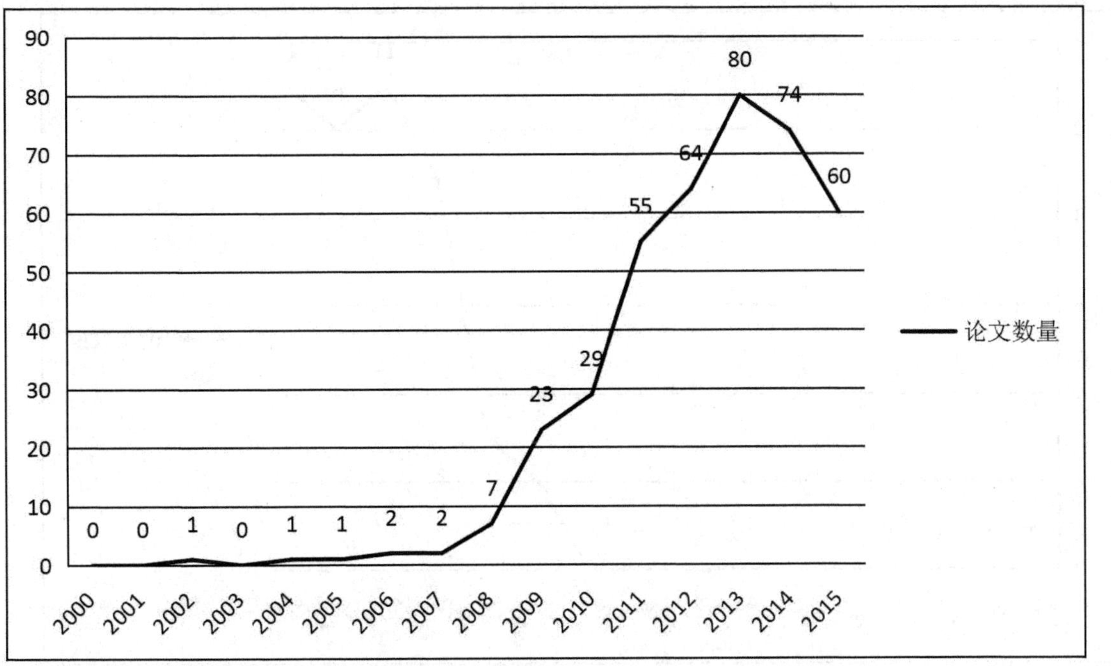

图 3-14　移动图书馆主题时间分布

（三）真人图书馆主题时间分布

图书馆学的学者们对真人图书馆的研究相对较晚，这一新兴主题 2010 年才开始出现，所以真人图书馆的发展时间较短，只有 5 年的时间。相对来说，真人图书馆的理论研究还处于发展初期，相关研究成果并不丰富，一共仅有 46 篇论文发表。可以说真人图书馆的发展较为平缓，每年之间的差距并不大。2013 年、2014 年和 2015 年这三年分别有 11 篇、10 篇和 11 篇，相比较而言这段时间是研究成果较为突出的三年。但从整体主题词的发展来看，不论是理论知识还是实践成果，真人图书馆的发展仍然较为落后。随着社会越来越进步，公共服务越来越人性化，尤其图书馆作为文化传播的重要媒介，为读者的服务也更应该人性化，图书馆不仅要向用户提供良好的服务，还应将服务多元化，以此来丰富人们的生活。当今社会有一部分人群是需要真人图书馆的，例如，上了年纪的老人或是残障人士等，所以真人图书馆的发展是十分必要的，也是未来图书馆全方位发展的必然选择。今后图书馆学的学者们可以多将焦点放在真人图书馆，不仅可以促进真人图书馆相关的理论知识，同时还可以推进真人图书馆在实践中的发展，如图 3-15 所示。

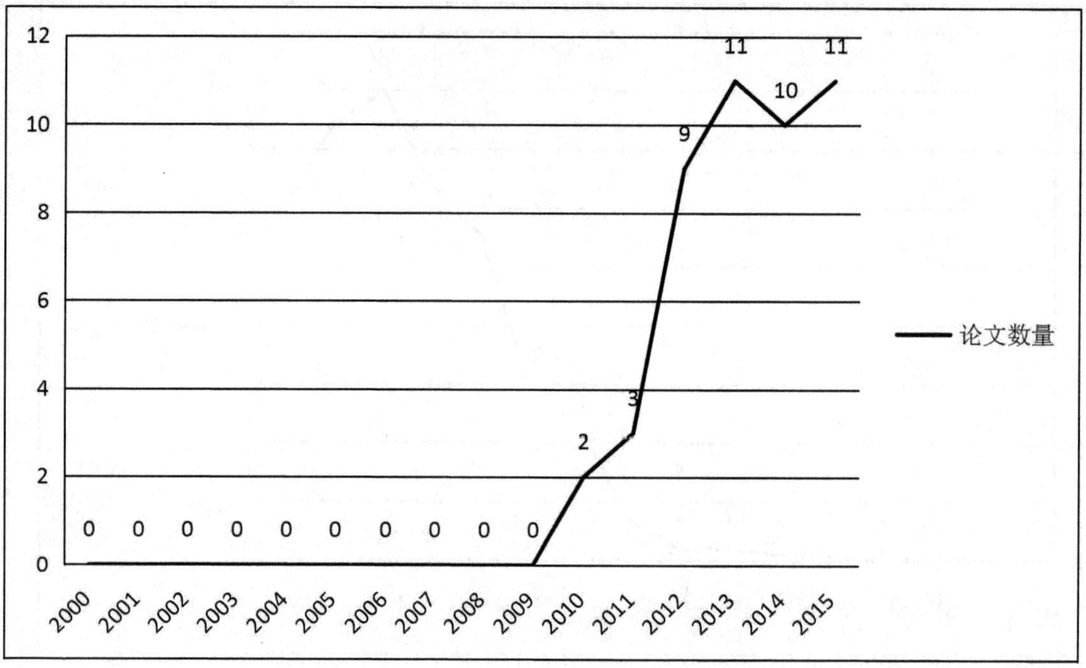

图 3-15　真人图书馆主题时间分布

（四）智慧图书馆主题时间分布

新兴主题智慧图书馆的发展时间也相对较短，2008 年有 1 篇相关论文发表，之后 2009 年和 2010 年并没有相关论文出现，说明智慧图书馆的发展比较不稳定。2011～2015 年连续 5 年均有关于智慧图书馆的论文发表，其中 2015 年发表论文数量最多为 19 篇，2013 年及 2014 年发表的论文数量也有 14 篇。通过折线图可以看出，智慧图书馆近些年的变化不是很大，以智慧图书馆为主题的论文数量并不多，说明智慧图书馆的发展还不成熟，有许多有待开发的方面，发展的空间和潜力仍然十分广阔。智慧图书馆的发展与科学技术及互联网技术有着密不可分的关系，但现阶段智慧图书馆的发展还不够成熟，不仅仅体现在智慧图书馆的理论基础。相信未来随着科学技术及互联网技术的提高，智慧图书馆作为图书馆的一部分将会得到良好发展，使得图书馆向自动化和智能化发展，为用户利用图书馆提供便利条件，如图 3-16 所示。

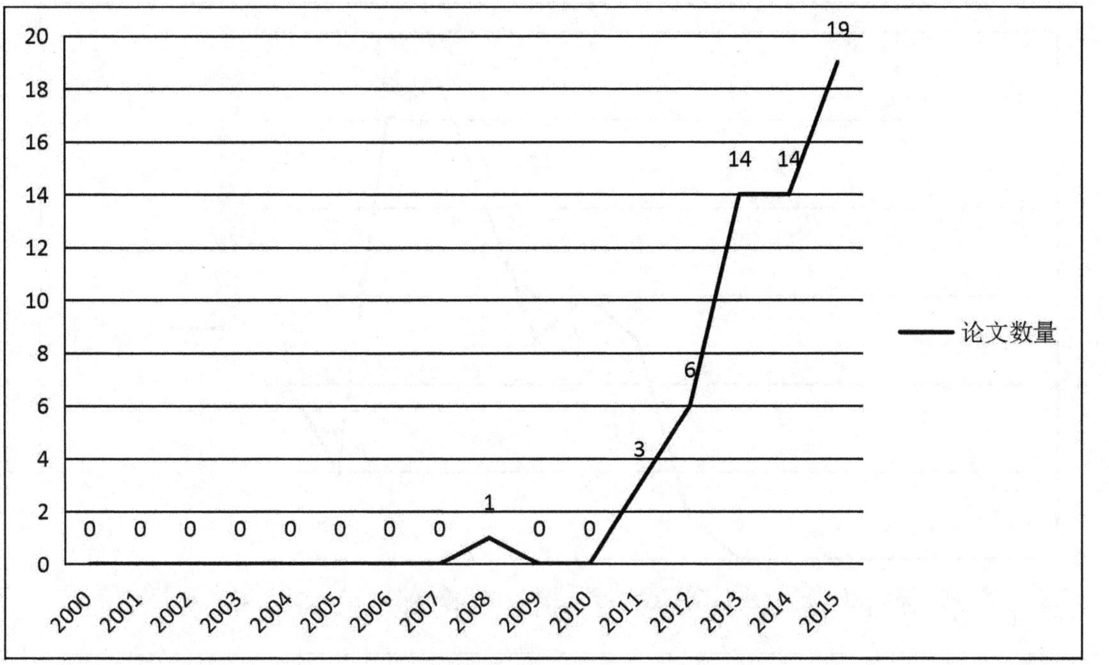

图 3-16　智慧图书馆主题时间分布

（五）泛在图书馆主题时间分布

泛在图书馆的相关论文是从 2007 年开始发表的，论文数量并不多。泛在图书馆的时间分布折线图相对曲折，说明关于泛在图书馆的研究成果相对不稳定，其中论文数量最多的年份为 2012 年，但是也仅有 11 篇论文，之后 2014 年及 2015 年分别只有 2 篇及 4 篇，说明泛在图书馆为主题的相关研究有所减少，呈下降趋势，这或许是受现实中泛在图书馆发展缓慢的影响。泛在图书馆是要满足用户在任何时间、地点都可以利用图书馆，但就目前我国图书馆的发展水平来说离这一目标有些许差距，短时间并不能实现泛在图书馆。泛在图书馆的实现对图书馆、社会及科学技术的发展有所要求，现在图书馆的现状无法实现泛在图书馆，使得泛在图书馆的理论基础与实践有所脱离，有一些空想性质，毕竟离开实践谈理论只是纸上谈兵，对理论知识的形成也有负面影响。但是随着图书馆、社会及科学技术的高速发展，相信在不久的将来泛在图书馆会为公民提供无时间及地域限制的服务，如图 3-17 所示。

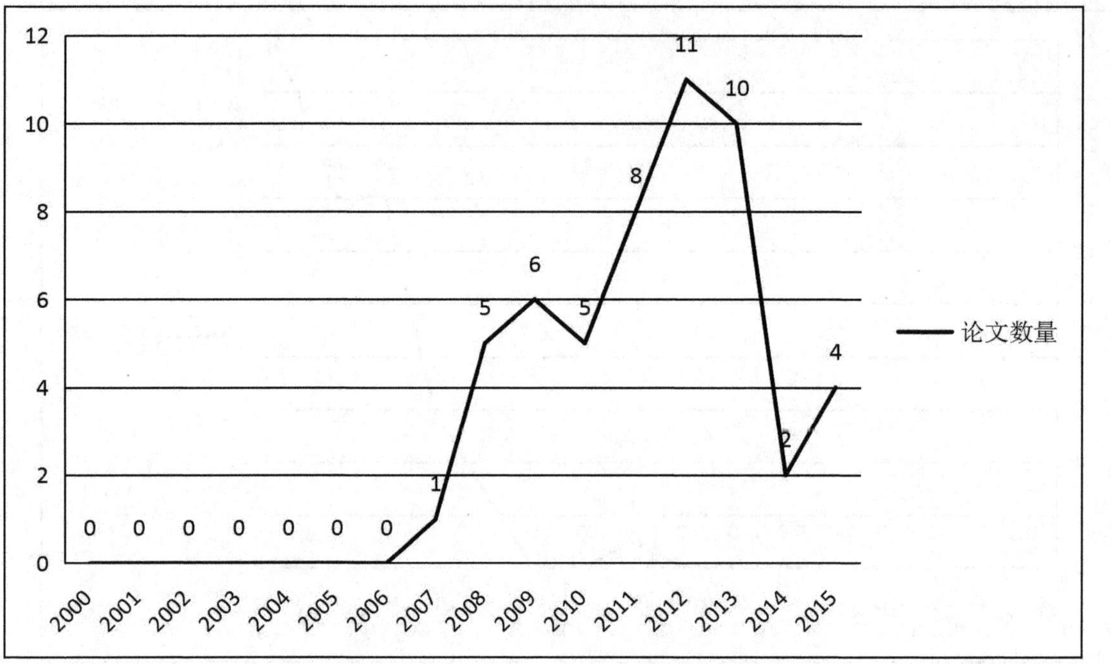

图 3-17　泛在图书馆主题时间分布

（六）泛在服务主题时间分布

泛在服务与泛在图书馆有着密不可分的联系，可以说泛在服务是伴随着泛在图书馆的出现而产生的。泛在服务相较于泛在图书馆来说出现得较晚，2009 年才开始有关于泛在服务的文章发表，并且关于泛在服务的时间分布折线图稍有波动，但是总体来看，泛在服务的相关研究成果较少。其中 2009～2011 年有上升趋势，然而 2012 年只有 1 篇相关论文发表，2013～2014 年两年相对稳定，均有 6 篇关于泛在服务的文章，但 2015 年却仅有 1 篇相关论文出现，所以近几年关于泛在服务的研究成果并不乐观，这在很大程度上是受泛在图书馆的影响。泛在图书馆与泛在服务就好似一个整体，提到泛在图书馆就不得不说泛在服务。因目前科技水平及社会发展程度的限制，泛在图书馆不能得到充分发展，相应的泛在服务也就不能充分发挥作用，因此，加快泛在图书馆的现实发展及理论研究就显得十分必要，当泛在图书馆的发展状况得到改善后，也会相应带动泛在服务的发展。这也要求图书馆学的学者们不要忽视泛在图书馆与泛在服务的联系，防止泛在服务的水平跟不上泛在图书馆的发展进程，两者平衡发展才是促进图书馆快速发展的有效方法，如图 3-18 所示。

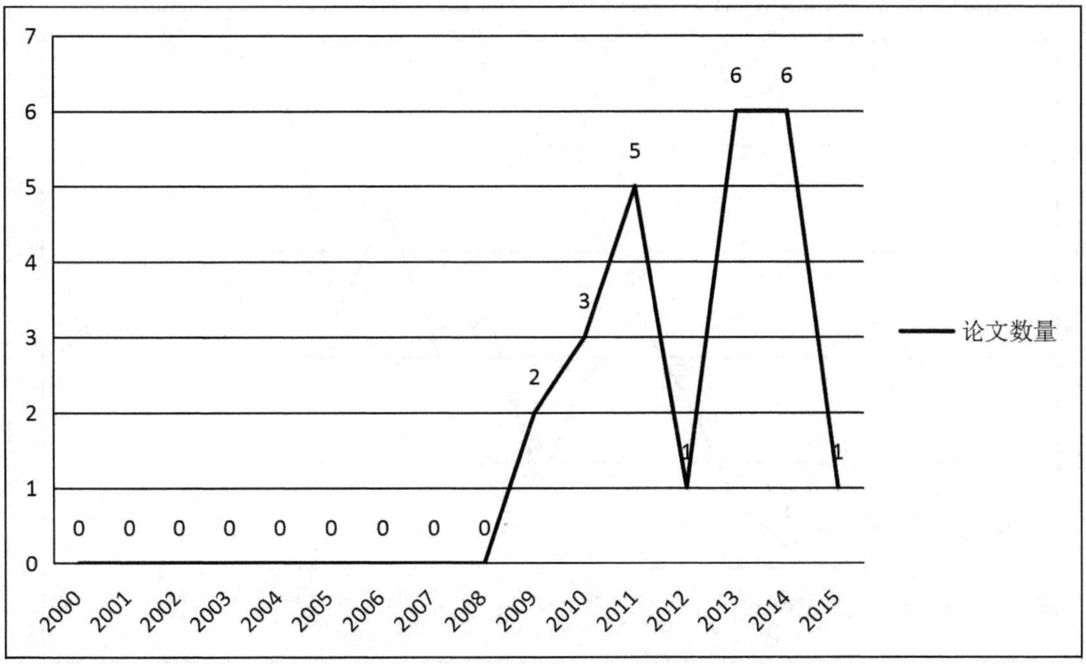

图 3-18　泛在服务主题时间分布

（七）民营图书馆主题时间分布

民营图书馆在 2000 年就已经出现，是这十个新兴主题中出现最早的一个，也因此比其他新兴主题具有更长的发展时间，但目前关于民营图书馆的理论研究成果并不是最多的，发展进程相对缓慢。2000～2006 年这段时期以民营图书馆为主题的论文数量较少但较为稳定，从 2007 年开始民营图书馆的理论研究有所突破，总体趋势呈上升状态，然而发展状态并不是十分稳定。2015 年是民营图书馆这一新兴主题发展较快的一年，并且发表论文的数量最多达到 22 篇。由于民营图书馆的时间分布波动较大，稳定性较差，所以目前并不能确定未来几年有关民营图书馆的发展态势。尽管民营图书馆的发展时间较长，但相关研究成果并不突出，可能主要是民营图书馆与目前我国国情不相符的原因。我国图书馆主要有三大类，即公共图书馆、高校图书馆与科研图书馆，图书馆基本上都是由国家或政府统一管理，因而图书馆具有公有性质，但是民营图书馆更多的是属于私有性质。按性质划分图书馆，主要可以分为两类，即我国目前现有图书馆与民营图书馆，举例来说，这就如同我国的学校分类，学校按性质可以分为公办学校与民办学校。但是就目前我国国情来说，虽然可以有少数民办学校存在，对于图书馆来说实现民营图书馆却是十分困难的一件事。因为现阶段我国图书馆的整体发展水平有限，公有图书馆的发展仍然是图书馆学界甚至是整个社会亟待解决的共同问题，更何况是民营图书馆了，如图 3-19 所示。

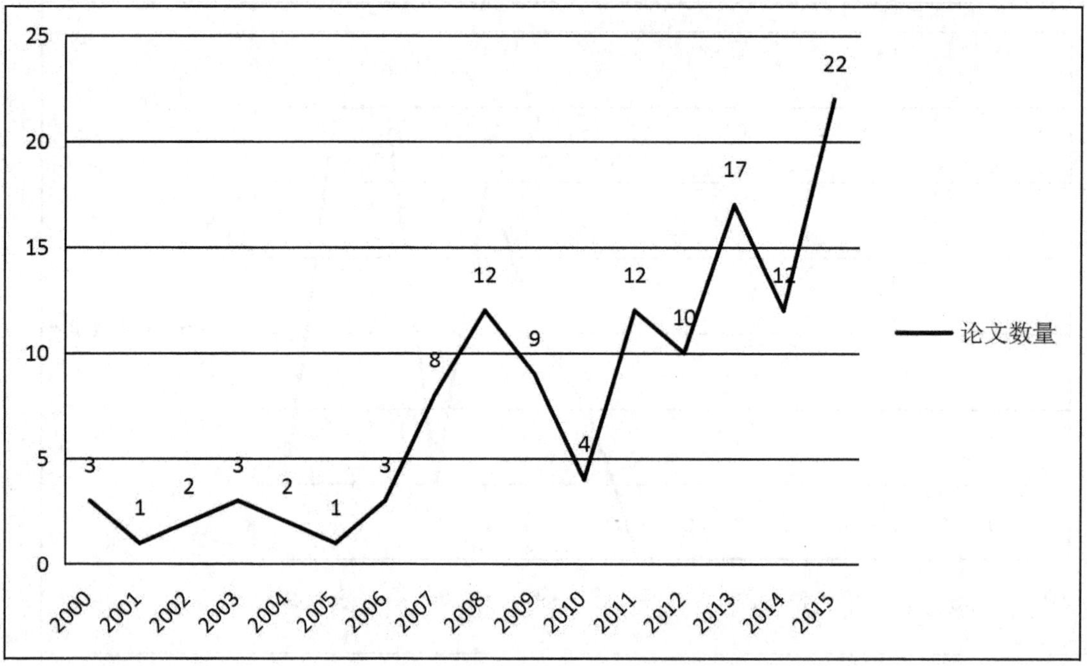

图 3-19　民营图书馆主题时间分布

（八）大数据主题时间分布

作者通过对大数据时间分布折线图的分析，发现大数据的折线呈明显的上升趋势且坡度较陡，这说明大数据是发展速度最快的一个新兴主题，但却是本文所列十个新兴主题中发展时间最短的。针对大数据的研究起步时间较晚，于 2012 年开始且只有 11 篇相关论文，但是 2014 年就有关于大数据的论文 114 篇，2015 年就发展到 168 篇。以大数据为主题的论文数量之所以在短短 4 年时间中得到快速增长，这与我国当前的社会环境不无关系。近几年随着社会及科学技术的进步，互联网逐渐深入公民的工作与生活，甚至成为不可缺少的必要条件，所以对计算机的使用范围也就越来越广，在这种情况下人们迎来了云时代。大数据可以说是伴随着云时代的到来而发展，是近几年我国社会的研究热点之一，越来越多的人喜欢用大数据来对某些问题进行分析。对大数据的研究意义并不在于对海量数据的掌握，而是对这些庞大数据进行专业处理使其变得有价值和意义。相信未来几年随着计算机技术的发展，大数据仍然会是图书馆学乃至整个社会的研究热点，如图 3-20 所示。

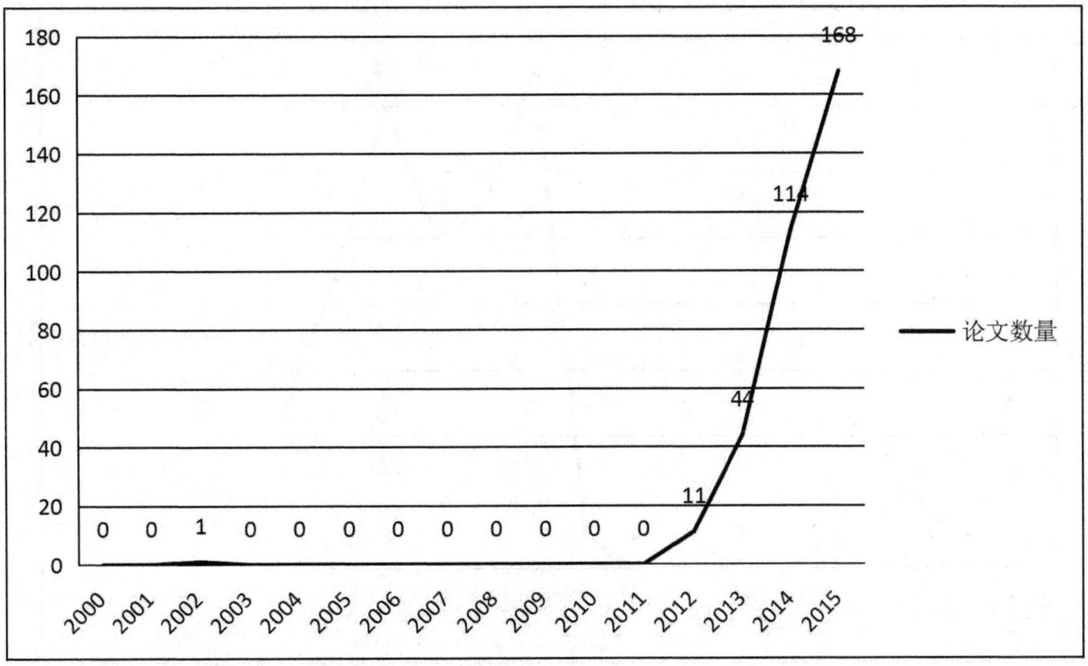

图 3-20　大数据主题时间分布

（九）图书馆社会责任主题时间分布

以图书馆社会责任为主题的研究开展得较早，但研究初期成果并不显著。2004 年就发表了关于图书馆社会责任的文章，但是论文数量仅为 1 篇，2004～2009 年这段时期整体研究水平有限，一共仅有 3 篇相关论文发表。从 2010 年开始，图书馆社会责任的相关论文有所增多，2010 年和 2013 年较为突出，这两年分别发表了 15 篇和 14 篇论文，但近几年研究成果有所减少。随着社会的发展，现在公民比以往更看重社会责任、更注重提高自身素质，所以图书馆受社会环境的影响，也逐渐意识到图书馆社会责任的重要性，图书馆社会责任又渐渐地引起图书馆学的学者们的注意，因此近几年图书馆社会责任作为研究对象的次数增多。但是仅仅受社会环境的影响是不够的，不足以促进图书馆社会责任这一主题的发展，图书馆社会责任更多的是受图书馆的整体发展水平的影响。目前我国图书馆的发展进程较为缓慢、发展水平较为落后，并不能带动图书馆社会责任这一方面的进步，所以现阶段图书馆社会责任还只是停留在表面层次，没有得到更深入的研究与发展。未来图书馆的发展还是很需要社会责任的促进，图书馆的工作人员更应认识到自己及图书馆的社会责任才能更好地为用户提供服务，如图 3-21 所示。

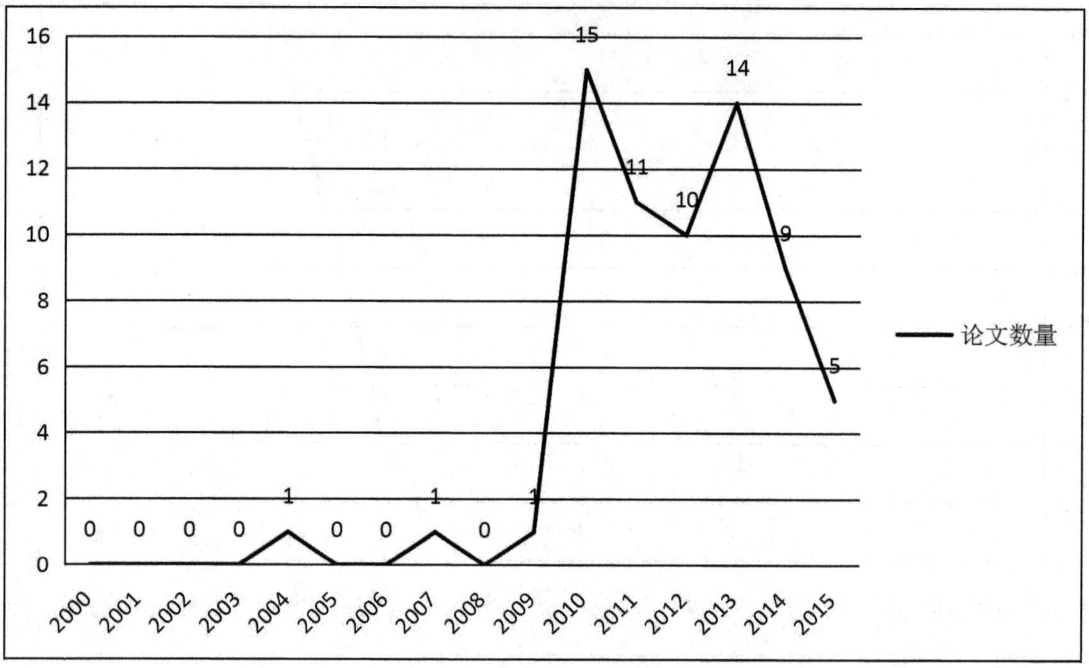

图 3-21　图书馆社会责任主题时间分布

（十）开放获取主题时间分布

关于开放获取的论文最早出现在 2005 年，共有 5 篇相关论文，新兴主题开放获取出现的时间相对较早，发展状态也较为稳定。作者通过对开放获取的时间分布折线图的观察发现其总体趋势是上升状态，并且折线图有两个波峰，分别是 2010 年发表 38 篇和 2014 年发表 70 篇。2005～2010 年这段时间折线图较为平缓，说明以开放获取为主题的论文增速较慢，2010～2015 年这段时期折线图坡度起伏较大，说明开放获取相关研究的论文数量发展并不稳定。开放获取逐渐成为图书馆学的研究热点，尤其是近几年开放获取有明显的进步，这与数字技术及互联网的发展有着密切的联系。开放获取对于图书馆未来的发展是十分重要的，图书馆也会越来越重视开放获取，这不仅能够使用户可利用的信息更广泛，提高信息的有效利用率，更有利于学者们之间进行学术交流，实现信息资源共享。但是目前我国图书馆用户对开放获取的了解还很有限，许多人并不了解开放获取甚至没有听说过，因此能够进行开放获取的资源就更不多了。开放获取是今后图书馆发展的必然趋势，针对开放获取的研究仍然需要广大图书馆学者共同努力丰富开放获取这一新兴主题的研究内容，如图 3-22 所示。

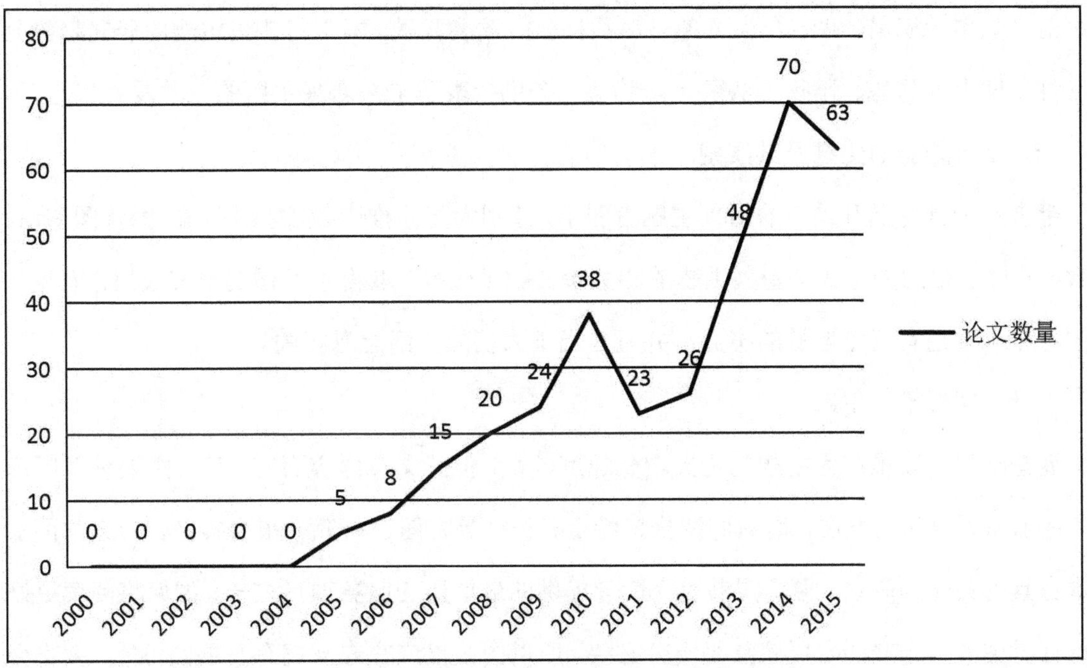

图 3-22 开放获取主题时间分布

第三节 现代图书馆学若干新兴主题的研究趋势

了解目前新兴主题的研究现状不仅有利于及时发现图书馆学新的研究热点，掌握图书馆学最新的研究动态，同时还有利于发现图书馆学在新兴主题方面的研究不足。笔者通过前文对十个新兴主题在数量分布、时间分布两方面进行研究，基本掌握了每个新兴主题词的大致研究情况，发现只有少数主题成为当下热点，受关注程度较高、研究成果较丰富，但是大多数新兴主题还处于刚刚发展的萌芽时期，仍然需要更多图书馆学研究人员的关注与探讨。

新兴主题并不一定就是当前的研究热点，也可以是今后的研究热点，本文的最终目的是基于目前新兴主题的研究现状，掌握新兴主题的研究动态，从而预测未来新兴主题的发展趋势，同时也可以分辨出哪些新兴主题已成为当下热点，哪些在未来会成为研究热点。预测新兴主题的发展趋势不仅可以为图书馆学的学者们提供研究方向，还能够为图书馆的发展指引方向。新兴主题的研究基本有两个共同特点，一是新兴主题的研究主要集中在高校图书馆，公共图书馆等其他形式的图书馆对新兴主题的研究不充分、研究水平较低，而我国大部分读者应该是来自公共图书馆，说明公共图书馆在科学研究方面可以有所突破发展。二是新兴主题的发展在发达地区相对较多，越发达地区新兴主题发展越快，图书馆发展水平越高，而相对落后地区则反之，这种现状会导致地区发展分化明显并加剧不平衡的状况，不利于我国图书馆整体水平得到提升。但是这十个新兴主题的研究又有所不同，本书将重点研究这部分。

通过前文数据的积累，并结合当下图书馆及社会的发展背景，本文将新兴主题的研究趋势分为三种，即上升趋势、平行趋势及下降趋势，分别代表了未来新兴主题的三种发展状态。

一、上升趋势的主题及其展望

笔者认为具有上升趋势的新兴主题有四个，分别为阅读推广、智慧图书馆、民营图书馆、大数据。主要是因为这四个新兴主题的相关论文数量较多，取得了不错的研究成果，而且从时间分布来看也有逐年增长的态势，并且与当下人们的生活息息相关。

（一）阅读推广主题

近些年以阅读推广为主题的论文增长速度较快，但就文章内容而言，论文主要涉及阅读推广的服务、现状与发展，而对阅读推广特点、类型等方面在研究中很少提及。阅读与图书馆本身具有天然的联系，也是图书馆为读者提供的最重要的服务项目之一，如何将阅读更好地推行对图书馆未来的发展就显得十分必要。所以阅读推广在未来仍有发展的可能，并将会受到更多关注，我国图书馆现在越来越重视为读者的服务，意识到当今图书馆不再像从前那般等待读者，而是应该学会如何更好地吸引读者。

图书馆为更好地实现阅读推广也付出了一些努力，例如，我们现在可以经常看到一些公共图书馆定期组织公益性讲座、展览等活动，积极号召广大群众参与其中，想办法增强图书馆的吸引力，让更多人了解图书馆、利用图书馆。同时社会的进步也使得人们的文化素质越来越高，较之从前更重视文化知识，所以更多的人愿意走进图书馆阅读图书，通过学习不断地充实自己。但是随着科学技术的发展，电子版文献越来越受到人们的青睐，这使得纸质版文献出现危机与受到挑战，所以图书馆有义务和责任让读者们认识到阅读以及图书的重要性。图书不仅是人们的精神食粮，更是民族文化的精髓，图书有着不可替代的作用，是需要人们的传承与推广的，图书馆作为传递文化的重要枢纽更应肩负起这一重任。在这种情况下，阅读推广在未来几年也将会持续成为研究热点，并且成为图书馆不断提高综合实力的重要手段，所以未来关于阅读推广的理论研究也会越来越丰富，将理论与实践相结合才能更好地促进图书馆及图书馆学的发展。

（二）智慧图书馆主题

智慧图书馆的相关研究起步时间较晚，从时间分布来看有上升趋势，研究成果也并不明显，研究内容不够深入，图书馆学界对智慧图书馆的研究主要是从信息技术的维度来定义智慧图书馆和归纳其特点，部分研究者还探讨了智慧图书馆功能和服务的革新及现阶段构建智慧图书馆的关键问题。由于智慧图书馆对信息技术要求较高，以目前我国的发展水平来说实行智慧图书馆虽略有难度，但未来对智慧图书馆的理论研究仍然会是热点之一。智慧图书馆相比较传统图书馆而言更加自动化和智能化，也就意味着智慧图书馆能够提供更完善、更多元的服务，丰富图书馆的服务种类，更好地发挥图书馆的社会功能。对于智慧图书馆很多公民都缺乏了解，甚至是比较陌生的。智慧图书馆是目前图书馆发展的最高级阶段，是复合图书馆、数字图书馆发展成熟后的一种全新形态。

智慧图书馆与移动图书馆、泛在图书馆有着紧密的联系，但智慧图书馆重点强调智能化、智慧化，也就是说智慧图书馆可以让用户体验到更为简便、快捷的服务，能够减少读者利用传统图书馆所带来的不便。但是如何实现智能图书馆仍然是一大难题，智慧城市的核心技术是物联网及云计算等，这就说明智慧图书馆对信息技术的要求十分高，信息技术是实现智慧图书馆的基础，所以这就需要图书馆投入技术支持，并不断创新、尝试互联网基础设施等。智慧图书馆为图书馆的发展带来新的形式与希望，智慧图书馆的职能也是让公民体验到更好的图书馆服务，并且智慧图书馆也是顺应时代发展的必然选择，能够更好地满足公民所需的精神文化需求。虽然现阶段智慧图书馆的发展较为落后，但未来智慧图书馆却是图书馆重要的一部分，因此学者们应重视智慧图书馆的研究与探索，为尽早实现智慧图书馆而做好充足的理论准备。

（三）民营图书馆主题

虽然民营图书馆的相关研究起步时间较早，但论文数量并不多，到近几年民营图书馆这一新兴主题的研究才有所发展，并且民营图书馆的研究发展状态略有起伏，变化幅度也较小，但总的趋势是呈上升状态。新兴主题民营图书馆的研究之所以发展缓慢，与我国的社会背景有很大关系。改革开放以前，我国实行的是公有制下的计划经济；改革开放后民营经济才逐步发展起来。我国的图书馆在古代称为藏书楼，藏书楼既有由国家管理的，也有达官贵人自己设立的私人藏书楼。现如今我国的图书馆基本是由政府或国家统一管理。我国公民面临可利用图书馆较少、分配资源不均等问题，无法满足公民的精神文化需求，民营图书馆的发展可以弥补、改善现阶段公共图书馆不足的情况。但目前我国图书馆的发展现状及水平而言，民营图书馆还很难存在。

民营图书馆的发展需要法律及学者的帮助，首先是要对民营图书馆做出明确的界定，并通过法律法规保证民营图书馆的利益，增加一些创办民营图书馆的优惠政策等，以此来促进民营图书馆更快、更好地运行。其次是民营图书馆要具有特色的品牌文化，良好的图书馆服务品牌是由服务项目、内容、质量、态度、能力和人员素质等多项要素构成的图书馆形象。带有特色的民营图书馆可以帮助自己树立社会形象，并能够为读者提供更具特色的、更有针对性的个性化服务。最后是民营图书馆获得政府及社会的资金支持，图书馆发展的难题之一就是缺乏资金导致发展困难，通过政府的扶持以及社会的帮助，能够鼓励更多企业人投资兴办民营图书馆。未来随着图书馆的发展，民营图书馆也会成为图书馆的一部分，并且为图书馆带来机遇与挑战。民营图书馆也是一把双刃剑。民营图书馆势必会对高校图书馆、公共图书馆及科研图书馆的发展产生压力及动力，但同时图书馆的管理又增添了难度，现在这三类图书馆仍较难统一标准，更何况是未来加入民营图书馆。不论怎样，未来民营图书馆肯定是图书馆必不可少的一部分，虽然民营图书馆这一新兴主题会逐渐呈上升趋势，但是其发展会十分缓慢。

（四）大数据主题

大数据无疑是近几年的研究热点，不仅是图书馆学的热点，也是各学科、各领域的热点。以大数据为主题的文献资源十分丰富，并且从时间分布来看有持续增长的态势，所以大数据近些年会一直成为研究热点，保持上升的状态，同时大数据的发展主要源于互联网及计算机技术的进步。但是目前我国图书馆学对大数据的研究内容大多停留在基础理论层面，理论与实践相分离，这也是图书馆学面对大数据时需要解决的难题。在当今社会，计算机基本上已经融入每个家庭，对个人的影响也从工作需要到日常生活的方方面面逐渐加深，可以说现代人已经离不开互联网。大数据可以说是云时代背景下的产物，掌握庞大的数据并无实际意义，重要的是将这些数据经过专业处理使其产生价值。图书馆重视大数据不仅是受到社会背景的影响，同样是自身发展的需求，为了更好地与时代及国际接轨，大数据也是图书馆发展的必然选择。在我国目前大数据发展水平较低的阶段可以借鉴国外的经验与成果，比如大数据离不开信息技术的支持，然而目前以我国的技术水平很难满足，所以要发展大数据信息技术的开发是首要问题；还可以开放馆藏资源推进大数据，哈佛大学图书馆将大数据的服务引入图书馆实践向读者提供海量资源并可享受下载服务。图书馆拥有海量的数据资源，要让这些数据变得有价值，需要图书馆人员将大数据融入其中，为用户提供更好的服务及发挥最大的效用，这是图书馆应该思考的问题。也正因为如此，大数据才与各个学科及领域都有所联系，甚至整个社会对大数据的关注度都十分高，已经不仅仅是图书馆学的研究热点。

二、平行趋势的主题及其展望

作者通过前文的分析，认为未来几年变化不太明显的新兴主题为真人图书馆、泛在图书馆和开放获取，从时间分布图中可以看出最近几年它们的论文数量变化不大，真人图书馆、泛在图书馆与开放获取三个新兴主题在近年的发展状态都较为平稳，也就是说这三个新兴主题将保持平行趋势发展。

（一）真人图书馆主题

由于真人图书馆这一新兴主题从产生至今，相关研究成果较少，并且从时间分布来看有平行趋势，而且结合当前我国图书馆的发展现状，真人图书馆的实现并不是一件容易的事，不仅需要图书馆及其工作人员的努力付出，甚至需要全社会的共同努力。首先我们需要了解真人图书馆，真人图书馆也是图书馆的一种形式，图书馆能够为用户提供真人书，这是图书馆更重视用户服务的一种表现，尤其是对包括儿童、老人、残障人士在内的弱势群体而言更为重要。在现代生活日益紧张的今天，真人图书馆的建立就显得十分必要，比如说对儿童而言，虽然一些地区公共图书馆设有儿童阅览室甚至成立单独的儿童图书馆，但是儿童不仅需要成人的陪同，在自主阅读上也有困难，如果有真人图书馆存在，就能将儿童所需知识形象地传达，这样不仅能够节省家长及儿童的时间，还能让儿童获得更多的知识，大大提高了学习效率；对老人而言，由于老人缺少子女的陪伴往往比较孤独，而图书馆能够弥补一部分老人的精神需求，缓解老人的精神及心理的孤独感，但是老年人在阅读上有一定的困难，如果有真人图书馆，就可以将老人感兴趣的资源传达给他们，让老年人也能获取自己所需的资源；对残障人士而言，在阅读图书上可能存在一定的困难，也可以通过真人图书馆得以解决。所以，真人图书馆的建立对弱势群体能够获取资源十分重要，这也体现了图书馆为读者提供多元化的服务。

但是真人图书馆的建立也存在一些问题，例如，真人图书馆在资金及资源等方面的匮乏，真人图书馆缺乏人员支持，尤其是需要图书馆工作人员专业化等许多问题。为了真人图书馆能够更好地发展，图书馆就需要共同努力解决问题。首先是政府的财政支持，真人图书馆拥有更充裕的资金才能改善真人图书馆的环境、增加真人图书的数量及质量，真人图书馆也可以开展更多的活动为读者提供服务。其次，制定真人图书馆统一标准，目前我国的真人图书馆还处于发展阶段，各个图书馆并没有统一的规范标准，基本借鉴国外真人图书馆的案例及凭借图书馆的主观理念推行，所以制定我国真人图书馆的规范标准就十分必要。最后，加强真人图书馆的专业人才培养，真人图书是真人图书馆活动的核心资源，真人图书馆是需要读者与真人图书进行双向交流，所以真人图书的资源及质量严重影响着真人图书馆的运行，不仅需要专业的真人图书，可能还需要社会中更多的志愿者来到图书馆进行义务服务，以满足更多读者对真人图书馆的需求，因此这需要全社会的共同努力。真人图书馆在改变传统图书馆的读者服务模式、图书馆营销、社会阅读推广方面也做出了良好示范，所以未来我国真人图书馆仍有很大的发展前景。

（二）泛在图书馆主题

泛在图书馆这一新兴主题一直以来研究成果就较少，其发展时间较短，发展状态仍处于初级探索阶段。从其时间分布图看，2011～2013年这段时间泛在图书馆略有所发展，但是从2014年开始至今关于泛在图书馆的相关研究明显减少且较为稳定，所以泛在图书馆未来的发展状态也将处于平行状态。泛在图书馆发展较为缓慢的原因主要是受到我国图书馆发展水平的限制，泛在图书馆的存在依赖于图书馆综合实力的提高及科技水平的应用。泛在图书馆能够实现用户不受地域、时间及身份等各方面的限制，随时随地都可以获取自己所需的信息资源，这就要求图书馆为用户提供全方位的服务，对图书馆的软件设备及硬件设施都有非常高的要求。

目前我国图书馆的发展水平处于世界平均水平之下，我国图书馆仍有很多不足之处，就现在我国图书馆的发展现状而言，与实现泛在图书馆有很大的距离，需要图书馆及图书馆工作人员付出很多的努力。比如在技术方面，我国泛在图书馆应用的高端技术更需要进步，不能一直借鉴外国的先进技术，更要有我国自主研发的先进技术，才能保证我国泛在图书馆及其服务成为具有我国特色的一流图书馆；不单如此，还需要更为专业的馆员，用户在面对复杂的信息资源时难免需要馆员的帮助，更为专业的馆员具有学科背景知识，并懂得如何评价、组织和传播信息，能够为读者提供专业的信息服务；现阶段以手机等无线终端方式出现的移动图书馆是泛在图书馆的一种初级形式，所以移动图书馆等新形式图书馆的发展在一定程度上也会促进泛在图书馆的发展。虽然目前我国泛在图书馆的现状并不理想，但是随着信息技术及社会的高速发展，泛在图书馆是图书馆的必然选择，未来社会也是需要泛在图书馆存在的，所以泛在图书馆未来的发展还是值得期待的，现在图书馆的学者们应保持稳定的研究状态，为未来泛在图书馆的发展做好基础理论的铺垫。

（三）开放获取主题

开放获取也是近几年刚刚崛起的新兴主题，不论是从数量分布还是时间分布看，在这十个新兴主题中都算是研究成果较为突出的，但近两年开放获取的研究并没有突破性的进展。开放获取能够快速发展的原因主要与互联网及数字技术有关，为开放获取创造了发展条件及空间。但是开放获取这一名词对广大群众来说还是较为陌生，许多人并不了解开放获取甚至没有听说过开放获取，更别说在现实生活中享受到开放获取带来的益处，这也是图书馆今后仍需努力改进的地方。开放获取是由开放及获取两个名词组成的新兴主题词，也就意味着开放获取强调开放与获取两方面。开放获取首先是要求信息开放，这主要是针对图书馆而言，使用户不再受到时间、地域、身份等各个方面的限制，能够平等地利用信息，这样用户利用信息就更加的方便、快捷，并且能够及时获得自己所需的资源，提高了信息的利用效率；其次是获取信息，这是从用户的角度说明的，这里的用户主要有两层含义，不仅指图书馆用户，还指图书馆相关的学者及工作人员。图书馆用户固然是需要获取信息的，图书馆为用户提供信息也是图书馆及其工作人员的职责所在，但是与图书馆相关的学者与工作人员也是需要获取信息的，这就要求图书馆的信息资源共享，学者们之间秉承互相学习、互相借鉴的态度加强交流，这样才有利于图书馆学的理论研究的形成，有利于图书馆能够长久地、稳定地发展。

开放获取并不意味着就完全不受到限制，其还受到版权、知识产权等方面的限制，如何处理开放获取与版权之间的矛盾关系就成为图书馆需要设法解决的问题，作者通过查找资料发现国外的很多发达国家也是通过采取强制政策来实现的，当然这并不是就可以忽视科研者的利益，对由公共经费支持的项目的研究成果、数据实行强制开放获取是一种简单易行的办法。因此，国家制定相关的法律政策就显得十分必要与迫切，运用法律手段来解决开放获取与版权之间的问题，可以保证开放获取的顺利实现及作者与用户之间的利益平衡。虽然目前我国图书馆在开放获取方面仍有许多不足之处，但是开放获取是图书馆未来面临的必然选择，实现开放获取能够更好地为读者提供服务，满足读者的信息需求，所以图书馆会越来越重视开放获取的发展，开放获取也将会随着社会及科学技术得到更大的发展空间，未来几年仍是图书馆学的研究热点。

三、下降趋势的主题及其展望

呈下降趋势的新兴主题主要有三个，分别为移动图书馆、泛在服务及图书馆社会责任，这些新兴主题在数量分布的表现基本为相关论文数量较少，在时间分布的表现为近几年变化不大甚至有逐渐减少的趋势，同时，这些主题在现实中的运行受到外界因素及内部条件的限制，使其发展较为困难。

（一）移动图书馆主题

以移动图书馆为主题的文献数量较多，近几年移动图书馆之一新兴主题取得了不错的发展，发展初期增速较快，但近几年增速放缓逐渐趋于下降，说明近年移动图书馆的发展略有所停滞。在现代社会，移动技术具有举足轻重的地位，并且已经渐渐深入人们的生活、工作中，时时刻刻影响着公民的生活及工作方式。这里所说的移动技术在现实生活中应用于移动设备中，主要表现为手机与平板电脑等。现在手机的作用已经不仅仅局限于通信功能，更有人将手机看成是工作的主要工具，手机逐渐取代计算机在人们心中的地位，这就是时代发展的表现。通过移动设备人们可以查找并阅读所需资源，这对人们来说获取信息资源更加的方便，并且不再受时间或场所的限制，真正做到随时随地享受信息资源，在这种条件下，移动图书馆是时代发展必不可少的图书馆形式。

图书馆针对目前移动图书馆的发展现状需要改进的空间还很大，主要可以从以下几方面入手：首先改变单一的服务模式，将WAP网站服务模式、短信服务模式与客户端开通结合起来形成多元化的服务模式，使得用户在利用移动图书馆时拥有更多的选择。笔者认为发展客户端更为重要，符合当下广大用户的休闲习惯，客户端可以提供在线咨询、馆藏查询、信息推送及预约图书等功能。其次及时学习国外的先进技术、吸收国外的成功案例，在图书馆的发展道路上仍然是需要不断学习吸收的。最后图书馆要做好推广宣传工作，要让更多的读者了解并使用移动图书馆的业务，使得移动图书馆的功能发挥实效。正因为移动图书馆的重要性，所以更多的学者重视起移动图书馆，使得移动图书馆成为新兴主题，受关注程度较高，之前一段时间也出现了关于移动图书馆的研究热潮，所以在时间分布图中表现为以移动图书馆为主题的研究逐年增加，近两年来论文数量逐渐减少，但仍保持在每年均有较高研究成果的状态。有了移动图书馆公民可以随时查找自己所需的资源，阅读移动图书馆中的电子书等，包括借书或还书都可以通过移动端完成，这对人们来说无疑是十分便利的。在现实生活中移动图书馆的应用仍有欠缺，应用范围也有所限制，未来移动图书馆仍有很大的发展空间，所以现阶段关于移动图书馆的研究都可以成为未来良好发展的理论基石，今后图书馆学的研究者们应多将移动图书馆的理论与实践相结合，提出一些切实可行的方案，不仅在学术上有所成就，在实践运行中也能发挥作用。

（二）泛在服务主题

泛在服务这一新兴主题在十个新兴主题中是发展程度最低的，开展研究的起步时间较晚，以泛在服务为主题的文献资源也极少，所以泛在服务未来几年的发展状况也并不乐观，呈下降趋势。泛在服务与泛在图书馆有着十分紧密的联系，提到泛在服务就不得不提泛在图书馆，也可以说泛在服务是由泛在图书馆衍生而出的新兴主题，因此泛在服务的发展状况是受泛在图书馆的直接影响的。但是泛在图书馆目前的发展状况不尽理想，这就直接导致泛在服务的发展受到限制，甚至能够发展的水平有限。

结合目前我国图书馆的泛在服务现状，图书馆方面有较为先进的技术支持是实现泛在图书馆及泛在服务的前提条件。泛在服务的技术支持是源于泛在图书馆的提供，但是从上文对泛在图书馆的分析可以看出，当前我国图书馆的技术水平并算不上先进，仍需要不断提高我国的科技水平对图书馆的应用，将更多的社会先进技术投入泛在服务中去。最终用户实际需要是图书馆泛在服务得以存在和发展的最根本的推动力，所以泛在服务最重要的是强调为图书馆用户的服务，也就是说能够保证每一个用户都能不受限制的获取所需信息资源，随时随地享受到来自图书馆的服务，这就要求图书馆为读者提供个性化、专业化等服务。图书馆还应该重视馆际合作，这里的馆际合作不仅是指国内图书馆之间的合作，更应该开放合作，加强与其他国家图书馆的合作，实现信息资源共建共享，为读者提供充足的文献资源是必要条件。未来随着泛在图书馆的发展泛在服务将会得到提高，但从我国图书馆的发展现状来看，泛在服务的实现仍然十分困难。

（三）图书馆社会责任主题

图书馆社会责任是由两个专有名词图书馆与社会责任组成。图书馆社会责任这一新兴主题的研究进展得也不是十分顺利，相较于其他新兴主题来说，图书馆社会责任的相关研究略呈下降趋势。社会责任这一词在近几年受关注程度较高，这主要源于我国近几年的经济发展，公民的素质有所提升，全社会都更重视人文化，更强调个人担负的社会责任。同时社会的一些热点案例也引起全体公民的反思，更加认识到社会责任的重要，所以社会责任被提及的次数越来越多。但是目前社会责任还主要集中在个人角度，同时社会责任的承担很大程度上取决于图书馆实体的能力特性，受图书馆发展水平的限制，图书馆与社会责任的联系并不是十分紧密，可以说图书馆工作人员及社会公民对图书馆社会责任的认识还不深刻。

加强图书馆的社会责任需要全社会的共同努力，从国家角度说，国家应该通过立法来明确图书馆所承担的社会责任，法律法规能起到监督、约束、强制的作用，图书馆法中对社会责任内容的相关规定，可以促使图书馆去承担相应的社会责任。承担社会责任的图书馆将获得更多的资源与利益，而逃避或拒绝承担责任的图书馆将受到相应的处罚。从图书馆角度来说，加强社会责任的理念与管理，在现实生活中切实发挥，例如，应加强对弱势群体的关注，提供特殊的阅读环境与阅读文献，并加大对偏远贫困山区及灾区的捐助，可以将图书馆过剩的书籍捐献出去，在社会及公民心中树立良好的社会形象。从广大公民角度来说，公民尤其是读者应该起到监督的作用，能够为图书馆所承担的社会责任进行评估，不仅可以激励图书馆承担社会责任的意愿与信心，更能为读者带来相关利益。图书馆不仅仅是向公民提供书籍的场所，更是重要的精神文化传播载体，承载着我国几千年的民族文化资源，所以图书馆同样具有社会责任。图书馆要向公民提供有价值和益处的好书，还要对公民的精神文化起到教育、推动等作用，丰富人们的知识，提高人们的素质，这都是图书馆的职责所在，图书馆的这种社会责任落实到现实工作中就需要全体图书馆工作人员的努力。随着图书馆的发展，图书馆也将意识到自身的社会责任，所以图书馆社会责任也应引起图书馆相关人员的重视。

第四章　现代图书馆学热点研究之文献分类

第一节　分类概述

分类是一种思维方法。分类思维方法是把思维对象按属性的异同划分为不同种类的逻辑思维方法。分类具有三个要素：母项，即被划分的对象；子项，即划分后所得的类概念；根据，即划分的标准。分类的原则是不重复、不遗漏、标准同一。

在传统逻辑中，类和它所包含的子类（集和子集）通常称为属和种。逻辑的种可以是另一类的属，属也可以是若干类的种。类集合成类的过程可以持续进行到集合成在既定领域内的无所不包的类，这个类不为任何别的类所包含而只是属，称为最高的属。二者之间的各级的类称为从属的属。对于作为一个种的类而言，直接包含它的类称为最邻近的属。分类从比较个体与个体的同异、类与类的同异着手，并进行概括，所以类比和归纳对它有特别重要的意义。分类是形成概念的先决条件之一。

分类方法在认识和实践活动中的应用是广泛的。一般认为，分类属于科学发展的较初级的阶段，即形成理论之前的阶段。但也有人认为它在某种意义上又是最后阶段使用的方法，因为对某些对象运用其他科学方法的结果，可能是对这些对象的一次新的分类。总的来说，分类是从种到属，而划分则是从属到种，二者方向相反，但又相辅相成，往往同时并用，结果一致。例如，动物界或植物界的门、纲、目、科、属、种的系统，既体现分类又体现划分。分类在传统的最邻近的属加种差的定义方法中，和划分一样起重要作用。分类也可以是非本质的，分类规则与划分规则一致。人们不仅可以通过分类来认知现有的事物共性，同时还可以通过分类活动，在一定程度上推知某一事物的未知特征。

分类是建立在比较基础之上的，比较就是寻找两个或两类事物之间共同点和差异点的逻辑思维方法。比较的基础是事物之间的同一性与差别性，如石头与木头，其同一性就是同为固体，差别性就是一个是无机物，一个是有机物。人们通过对不同事物的质与量的比较、静与动的比较、现象与本质的比较以期发现新事实，建立科学概念，形成科学体系。作为科学思维的方法，比较必须在同一标准下进行。标准不同，比较结果自然不同。比较的目的在于揭示事物之间的异同，以实现事物的分类，建立起分类体系。

分类要有原则，科学的分类原则有穷尽性原则和排他性原则。穷尽性原则就是分类中的概念所划分出来的子项外延之和，必须等于母项的外延，如根据导电性分类有绝缘体、导电体和半导体。排他性原则就是各子项之间不相互包含，如你不能说广场上有男人、女人、老人和孩子。当然，科学的分类有时也会遭遇二分法的尴尬，遇到亦此亦彼的问题，如介于动物和植物之间的单眼虫。

分类的类型有以现象分类的，如五行分类；以本质分类的，如自然分类；以实用分类的，如商品分类。

分类的作用一是使事物具有条理化，二是揭示事物之间的关系和规律，三是指导发现新事实现象。

分类思想是人的最重要的、也是最普遍的思想。这种思想渗透到我们的日常生活和语言中。如成语：三教九流、五行八作、三姑六婆、三班六房、三坟五典、五湖四海、五脏六腑、四书五经、四时八节、七情六欲、九流十家……俗语“物以类聚，人以群分”应该源自于成语“方以类聚，物以群分”，原指各种方术因种类相同聚在一起，各种事物因种类不同而区分开。出处《周易·系辞上》：“方以类聚，物以群分，吉凶生矣。”

建立在分类基础之上的思维方法就是类比。《汉书·文帝纪》中有：“它不在令者中，皆以此令比类从事。”于是我们也有了成语“比类从事”，“比类从事”的意思就是比照其他类似的情况处理事情，也就是类比。类比是根据两个或两类对象之间在某些方面相同或相似，推论出在其他方面相同或相似的逻辑方法。因为是从特殊到特殊，仅以同一性为前提，所以类比思维方法缺乏严格的逻辑通道。也正因为如此，类比法常常使人陷入逻辑的陷阱。没有比较就没有分类，同样没有分类也就没有类比，因此，作为科学思维与科学研究中的重要环节的分类，实在是一件不可小视的东西。

第二节　知识信息时代对分类的影响

尽管进入信息社会以来，知识的爆炸式增长造成学科的极度分化，同时也催生了一大批交叉学科或边缘学科，但是知识分类始终是图书馆研究的重点与焦点。

有文献统计，在美国大学，共开设了六千多个专业，在德国大学的科研目录中列有四千多个研究领域。中国部学科分类（GB92）也列举了文、理、工、农、医、军事六大部类的57个一级学科和三千多个专业的分类目录。在这种情势下，学者竞相推出自己的分类方案，从二元分类到五元分类一应俱全，当然也有超过五元的。

持二元分类观点的代表人物是加拿大的邦格（Maddo Bmg）。他认为，在各种科学之间，第一个最显著的差异是形式科学和事实科学之间的差异，即处理观念的科学和事实的科学。

逻辑和数学是形式科学：它们不涉及实在的事物，因此不能用来使我们处理实在（即经验），为的是使我们的公式确凿有效。物理学和心理学处于事实科学之中：它们涉及设想在世界中发生的事实，因此必须诉诸经验，以便检验它们的公式。自然科学包括物理学、化学、生物学、个人心理学等。此外，还有文化科学，其中有社会心理学、社会学、经济学、政治科学、物质史、思想史等。

持三元分类观点的代表人物是美国的亨利·凯伯格（Henry E. Kyburg, 1928—2007），他认为，从学术上可以区分出形式学科、经验学科和诠释学科。数学是形式学科，生物学和心理学是经验学科，文学是诠释学科。显而易见，每一个实际的学科都体现出所有三个类型的方面：数学中的许多东西最终与关于世界的事实有联系；生物学偶尔涉及形式结构，心理学包含诠释；文学批评处理诗的形式结构和有关产生它的社会事实。在这个框架中，哲学本质上是像数学一样的形式学科，诠释的进路更多地属于历史。我们原来涉及的科学像生物学和物理学一样，主要是经验学科。我们的形式关注与科学知识和科学理论的结构有关。我们也能够注意到科学和哲学的诠释方面，科学理论是在某些环境中并针对某种哲学思想背景出现的。理解科学史中的一个唯一事件，与分析在新近出现的理论和被说成用以支持它的实验资料之间得到的形式关系，是截然不同的事情。

持四元分类观点的代表人物是柯尔律治，他把科学分为纯粹、混合、应用、复杂四大部门。

持五元分类观点的代表人物是N.麦克斯韦。他对知识的分类为：

（1）数学、统计学和逻辑关注改善形式的、先验的或分析的知识。

（2）物理科学关注关于物理宇宙各个方面的知识。

（3）生物科学关注改善关于生命的知识。

（4）社会科学和人文学科关注改善关于人的生活的各种社会方面和文化方面的知识。

（5）技术科学关注改善关于为实现各种有价值的、实际的社会目标所需要的知识。

按照知识哲学的普遍一致的意见，经验科学能够被安排为粗糙的等级制类型。在底部，在一切的最基本的层次上，我们有理论物理学，与之密切相关的是宇宙学。向上，我们有理论上不很基本的物理学部分，如固体物理学和物理化学；再高一点，我们有无机化学的整体，并排化学天文学、天体物理学和地球科学（物理学和化学的特殊化的应用）。再向上，我们有生物科学及有机化学、分子生物学、生物物理学和生物化学做基底，中间有如动物学、植物学、解剖学、神经病学、遗传学这样的科学，顶端是生态学和动物行为研究。更高一些，我们有社会科学、人类学、社会学、心理学、语言学、经济学、政治科学和历史学。按照还原论观点，我们应该把所有这些科学还原——至少在原则上——为理论物理学。按照竞争的观点即反还原论，这或者是不可能实现的目标，或者是不需要的目标。但是，二者都同意，经验科学能够依照等级制组织。更一般的，某种类似的等级制能够在逻辑和数学的学科中察觉到，基础是逻辑，稍向上有集合论，其余的几乎整个数学分支都能够被诠释为或多或少特殊的集合论的应用。

从以上的形形色色的科学分类不难看出，学者进行分类的依据或基准各有千秋。有人认为，科学分类所依据的原则有客观原则（物质运动形式的客观区别）、发展原则（物质运动形式从简单到复杂、从低级到高级的发展序列）、层次原则（从一般到特殊的科学知识层次结构序列）、实践原则（新方法和新工具的出现会造成新学科的诞生）。有人指出，科学分类研究进入结构分析和动态分析的阶段。学者设计了各种模式模拟科学体系的结构，如塔模式、树模式、网模式等。同时，科学分类的动力学研究也方兴未艾，学者用液体沉淀模型、气体流动模型、球体膨胀模型来模拟科学体系的运动和变化。

奥地利物理学家、哲学家恩斯特·马赫（Ernst Mach,1838—1916）认为，在科学研究中，不同的透视都是可能的。从这些不同的观点得到的结果能够产生不同的学科，它们具有相对的自主性。

一般而言，科学分类的基准不外乎三种：客观的基准、主观的基准、综合的基准。客观的基准包括研究的对象、种类和范围，事物的本质，物质的层次，自然的秩序，探索的方法等；主观的基准包括心智官能、精神能力、哲学理念、描述语言、抽象的形式等；综合的基准在奥斯特瓦尔德的以序、能、生命的概念作为分类的依据中最具有代表性。

诚如奥斯特瓦尔德所言：这些分类不是依照所谓的事物的“本质”，而仅仅从属于为了比较容易和比较成功地把握科学问题而做出的纯粹实际的安排。这是因为，“缺乏完备的和精确的边界是所有自然事物的普遍特征，而科学是自然事物”。

第三节　目录学与文献分类

一、文献分类

文献作为知识的载体，科学的媒介，自然少不了要分类，如果没有分类，就不可能有《永乐大典》或《四库全书》这样的皇皇巨著，图书馆里的数以万计的文献也会乱得像一锅粥，许许多多的文献便失去了利用的价值。

图书是最常见的文献类型，除了图书，我们还有报纸、杂志、相片、胶片、录音带、录像带、光盘、计算机数据库、电脑网页等，凡“一切记录知识信息的载体”都可以称为文献的文献，于是文献分类就成了人们最早关注并最早形成的一门分类科学。

“风、雅、颂”是按音乐的不同对《诗经》的分类。有文献可考的中国文献整理工作见于《史记·孔子世家》：“古诗者三千余篇，及至孔子（前551—前479，子姓，孔氏，名丘，字仲尼），去其重，取可施于礼仪”，定为“三百五篇”，此即孔子“删诗”之说。但唐代孔颖达（574—648）对此提出怀疑：《诗经》编订成集，约在公元前6世纪中叶。据《左传》记载，鲁襄公二十九年，吴公子季札在鲁国观乐，乐工为之歌《诗》，其顺序和今天的《诗经》基本一致。当时孔子只有八岁，不可能删诗。如果孔子曾把《诗经》删去十分之九，那么在先秦典籍中我们一定还能发现大量逸诗，但实际情况并非如此。因此“删诗”之说不足凭信。但孔子曾说“吾自卫反鲁，然后乐正，《雅》《颂》各得其所”（《论语·子罕》），可知他确实做过一些整理《诗经》音乐的工作。不论孔子是否修编《诗经》，可以肯定的是将诗“三百五篇”按风、雅、颂进行音乐分类，按“赋、比、兴”进行表现手法的分类的那些事儿至少在孔子的时代已经完成。

文献作为知识信息的载体，载体的形式首先是文献分类的标准之一。在文献发展的历史上，泥土、草、树叶、动物的骨头、甲壳、石碑、钟鼎、陶器、竹简、丝绸、皮革等都充当过文献的载体。因此早期的文献也就有了如下的分类。

（一）泥版书

约4000年前，古巴比伦时代就已使用棒子在潮湿的泥片上书写符号，然后将之晒干或烘干以便阅读及保留，这些物体应可视为最早的文献，今天我们仍可阅读到这些古巴比伦时代的文字、图画和贸易合约，均是使用各种不同形状的石头滚压在圆柱形的泥土上，这些小圆柱体已超过4500多年的历史。

（二）纸草书

纸草（papyrus）是5000多年前在地中海国家中最主要的书写媒介，古埃及人最为常用。纸草是种很稳定的材料，能在埃及较低洼的沼泽地区找到，茎呈三角形，高约5米，近根部直径6～8厘米。由它加工成纸草不适宜折叠，不能做成书本，因此须将许多纸草片黏成长条，并于写字后卷成一卷，就成了“卷轴”，拉丁文是volumen，即纸草做成的卷轴书籍。

（三）羊皮书

所谓的羊皮纸，不一定都是用羊皮制成的，也有用其他兽皮制成的。公元前 2 世纪，小亚细亚人把兽皮洗净、拉伸、打磨后制成了可以两面书写的羊皮纸。由羊皮纸写成的书，就是羊皮书了。

（四）竹简书

竹简是中国古代较为普及的传播媒介之一，人们在竹片上刻好文字，用绳串起来，即成书册，正如象形字“册”所表达的意义一样。孔夫子读书，“韦编三绝”，就是读的这种竹简书。

（五）帛书

春秋末年，中国出现了写在绸子上的“帛书”，卷在木轴上，于是有了“读书破万卷”的说法。所谓帛书，就是将文字、图像写绘于丝织品上的一种书籍形式。在纸张发明之前，帛书是和竹简同时使用的一种书籍形式。

除以上说到的，刻在甲骨上的甲骨文，铭在青铜器上的金文，刻在石头上的碑文等都是以载体形式来划分的文献。

造纸术发明以后的文献，人们的关注焦点开始从载体转向了内容，于是出现了针对文献内容特征进行研究的学者及其著作。

二、文献分类与目录学

中国最早的分类学著作是汉代刘向（约前 77—前 6）、刘歆（约前 50—23）父子据当时国家藏书编成的第一部综合性分类目录《七略》。

《七略》主要按照其内容性质区分，包括辑略、六艺略、诸子略、诗赋略、兵书略、术数略、方技略。辑略是总序，其余六略为 6 大类，略下再分为 38 小类。

此后南朝齐王俭（452—489）编的《七志》、梁阮孝绪（479—536）编的《七录》都沿用《七略》并略加改进。三国魏郑默（213—280）编文献目录《中经》及荀勖（？—289）据《中经》改编为《中经新簿》，始将分类体系改为“甲、乙、丙、丁”四部：甲部包括六艺及小学等书；乙部有古诸子家、近世子家、兵书、兵家、术数；丙部有史记、旧事、皇览簿、杂事；丁部有诗赋、图赞、汲冢书。

晋代李充（？—约 362）又把五经作为甲部，史记作为乙部，诸子作为丙部，诗赋作为丁部，奠定了四部分类体系的基础。

唐初魏征（580—643）编纂《隋书·经籍志》时，把甲、乙、丙、丁四部定名为经、史、子、集。此后，中国历代藏书楼在编制目录或排列图书时大多都沿用此法。清乾隆三十二年

（1773）编《四库全书》时，更加完善了四部分类法的体系，在经、史、子、集四部之下分为44类69小类。

南宋郑樵（1104—1162）《通志·艺文略》，把文献分为12类，100家，432种。12类是：经、礼、乐、小学、史、诸子、天文、五行、艺术、医方、类书、文。

清代张之洞（1837—1909）编《书目答问》，在“四部”之外，加“丛书”一部，改为五部。

在西方，公元前250年前后，埃及亚历山大图书馆的卡利马科斯（Callimachus，约前305—前240）曾把文献按著者划分为六大类：诗人、法律家、哲学家、历史学家、演说家、杂家，这是西方文献分类法的萌芽。

1548年瑞士C.格斯纳（Conrad Gessner，1516—1565）编辑出版的《世界书目》第二卷按分类编排，共分为4大部21大类250多个小类。

4大部是：[1]字学；[2]数学；[3]修养；[4]高等学科。

21大类是：[1]语法、语言学；[2]辩证法、逻辑；[3]演讲术；[4]诗歌、文学；[5]算术；[6]几何、光学；[7]音乐；[8]天文学；[9]占星术；[10]预言与魔法；[11]地理；[12]历史；[13]技术；[14]自然哲学；[15]形而上学与自然神学；[16]伦理学；[17]政治、哲学；[18]政治、公民与军事学；[19]法学；[20]医学；[21]基督教、神学。

格斯纳的这种分类体系对后来的文献分类法产生了较大的影响。

1810年，法国布鲁奈（Jacques Charles Brunet，1780—1867）编制的《法国分类表》问世。该分类法分为五大部，即[1]神学；[2]法学；[3]科学与技术；[4]文学；[5]历史。到1864年再版时，增订到11000多个子目。

1826年，俄国莫斯科帝国大学图书馆馆长列依斯（ф е р л н н а н л ф р н л р н х Р е й с с о м，1778—1852）发表的分类法分为10大类：泛逻辑学及多元逻辑学、神学，基本的哲学及神秘、公开性科目，历史学，法学，医学，军事，经济，工业，语文学及审美教育，教育及政治。每个大类之下都进行细分，共计2452个类目。

1870年美国圣路易斯公共学校图书馆馆长哈里斯（William Torrey Harris，1835—1936）在编制《圣路易斯公共学校图书馆目录》时，将英国哲学家弗朗西思·培根的知识分类体系加以倒置，即成为哲学—诗歌—历史，并在此基础上又编成一部分类法，设有科学、美术、历史3大类；大类之下再细分为11000多类。

1876年，美国M. 杜威（Melville Dewey，1851—1931）根据哈里斯的分类法编成《图书馆图书和小册子排架编目适用的分类法和主题索引》一书，即著名的《杜威十进分类法》

(Dewey Decimal Classification，DDC)。它使用小数制的层累式数字作为类目标记符号，还首次为分类法编制了相关主题索引。《杜威十进分类法》开创了文献分类法的新纪元。

DDC 总共以 10 个主要的学科(main classes)来涵括所有的知识体系，每个大类下细分 10 类(divisions)，接着又再分成 10 小类(sections)。DDC 中每个学科都会给予特定范围的数字来表示，它的十个大类(main classes)分别是：

000　Computers，information，&general reference 计算机、信息及总类

100　Philosophy & psychology 哲学及心理学

200　Religion 宗教学

300　Social sciences 社会科学

400　Language 语言学

500　Sciences 科学

600　Technology 科技

700　Arts & recreation 艺术及娱乐

800　Literature 文学

900　History & geography 历史及地理学

1891 年，美国 C.A 卡特（Charles Ammi Cutter，1837—1903）出版了《展开式分类法》，在体系结构上另辟蹊径，共分 26 大类，用英文字母作标记符号，用数字作助记符号。

1901 年美国国会图书馆在《展开式分类法》的基础上，根据馆藏情况开始编制《美国国会图书馆分类法》(Library of Congress Classification Schedules，LCCS)。

LC 共分 20 个大类，其中历史占 3 个大类，军事占 2 个大类。

美国国会图书馆分类法简表：

（Outline of the Library of Congress Classification Tables）

A　General Works 总类

B　Philosophy. Psychology. Religion 哲学、心理学、宗教

C　Auxiliary Sciences of History 历史学及相关科学

D　History(General) and History of Europe 历史总论与欧洲历史

E-F　History：America　美洲历史

G　Geography. Anthropology. Recreation 地理学、人类学、娱乐

H　Social Sciences (General)社会科学

J　Political Science 政治学

K Law 法律

L Education 教育

M Music 音乐

N Fine Arts 美术

P Language and Literature 语言学、文学

Q Science 科学

R Medicine 医学

S Agriculture 农业

S Agriculture (General)农业总论

T Technology 科技

T Technology (General)科技总论

U Military Science 军事科学

U Military Science 军事科学总论

V Naval Science 海军学

Z Library Science. Information Resources (General)图书馆学、资讯资源

1895 年比利时的拉封丹(Henri-MarieLa Fontaine，1854—1943)和奥特莱(Paul Otlet，1868—1944)在《杜威十进分类法》的基础上编制了《国际十进分类法》(universal decimal classification，UDC)，它最早采用概念分析和组配原则，并且运用了多种组配符号，后来发展成为一部半分面分类法。

UDC 的 10 大类是：

1 Generalities 总类、科学和知识

2 Philosophy. Psychology 哲学、心理学

3 Religion. Theology 宗教、神学

4 Social Sciences 社会科学

5 (Language)（语言）

6 Mathematics and Natural Sciences 数学和自然科学

7 Applied Sciences. Medicine. Technology 应用科学、 医学、技术

8 The Art 艺术、娱乐、体育

9 Language. Linguistics. Literature 语言、语言学、文学

10 Geography. Biography. History 地理、传记、历史

1906年，英国J.D.布朗（James Duff Brown，1862—1914）根据“一个主题，一个位置”的思想编制《主题分类法》。它运用了主题分析法和组合原则，是分面组配式分类法的雏形。《主题分类法》在当时被认为是一个有科学精神，并且有实用价值的分类法。它的特点是把从不同角度论述某一主题的图书集中在一起。其大类按物质和力、生命、思想、记录的发展次序安排，共分为：总论、物理、化学、人类科学、医学、经济作物学、哲学和宗教、社会政治科学、语言和文学、文艺作品、史地和传记等11大类。每类之下用三位数字作为分类号，按000—999排列。此外还编有范畴表。

1928年，日本森清（1906—1990）根据《杜威十进分类法》和卡特的《展开式分类法》编成一部适合日本图书馆使用的《和洋图书通用十进分类表草案》，1929年正式出版时改名为《日本十进分类法》。

1933年，印度阮冈纳赞（Shiyali Ranlamrita Raliganathall，1892—1972）发表《冒号分类法》（Colon Classification，CC），完全采用分面分类理论和组配方法，开了分面组配式分类法的先河，成为文献分类法发展史上的又一里程碑。CC因1933年第一版首先采用“：”作分面连接符号而得名。CC是分面分类法的典型，在基本类下按照不同分类标准同时列出多组单独概念，形成若干分面，在类分文献时，根据文献主题因素，在各分面中选取对应概念，然后将代表这些概念的标记符号按预先规定的分面排列次序组配成代表该文献主题的分类号。除了主类表外，还有通用复分表，称为共同焦点。CC有许多优点，它的类表篇幅小，容纳量大，标引文献能力强，能及时反映新学科和新主题，可以满足读者多种检索的要求。

CC的基本部类如下：

B　Mathematic 数学

C　Physics 物理

D　Engineering 工程

E　Chemistry 化学

F　Technology 技术

G　Biology 生物学

H　Geology 地质

I　Botany 植物学

J　Agriculture 农业

K　Zoology 动物学

L　Medicine 医药

M　Useful　Arts 实用艺术

A　Mysticism 神秘主义

N　Fine　Arts 精细艺术

O　Literature 文学

P　Linguistics 语言学

Q　Religion 宗教

R　Philosophy 哲学

S　Psychology 心理学

T　Education 教育

U　Geography 地理

V　History 历史

W　Political　Science 政治学

X　Economics 经济学

Y　Sociology 社会学

Z　Law 法律

1935 年，美国布利斯(Henry Evelyn Bliss，1870—1955)出版了《书目分类法》。该分类法注意文献分类与知识分类相结合，并明确提出了文献分类法实用性和科学性相结合的原则。

第二次世界大战以后，为了适应科学发展和文献激增的新情况以及情报检索的要求，世界上许多分类法，如《杜威十进分类法》《国际十进分类法》《美国国会图书馆分类法》《书目分类法》《冒号分类法》《日本十进分类法》《苏联图书馆——书目分类法》《国际专利分类法》等，都进行了重大的修改和补充。

下面我们回到中国，19 世纪末至 20 世纪初，由于新的科学文献大量产生，中国传统的“四部分类法”已不能适应类分文献的需要，于是出现了一批过渡性的文献分类法。

1896 年，梁启超（1873—1929）编《西学书目表》，分学、政、教三类。

1904 年，慈溪孝廉、绍兴府学堂总教习冯一梅（1849—1907）应邀为徐树兰（1838—1902）的古越藏书楼编《古越藏书楼书目》，分为学部和政部两部，共 48 类。

1919 年，陈乃乾（1896—1971）编《南洋中学藏书目》，共分 14 类。

1910年，孙毓修（1871—1922）首先在《教育杂志》上介绍《杜威十进分类法》，随后出现了一批“仿杜”“改杜”“补杜”的文献分类法，不下30种。例如，1917年的《仿杜威书目十类法》、1922年的《世界图书分类法》、1928年的《中外图书统一分类法》、1929年的《中国图书分类法》和1934年的《中国十进分类法及索引》等。

中华人民共和国成立后，中国图书馆和情报界又编制了几十部文献分类法，其中比较著名的有东北图书馆编的《图书分类法》（1949），山东图书馆编的《图书分类新法》（1951),《中国人民大学图书馆图书分类法》（1953），《中小型图书馆图书分类表草案》（1957），《中国科学院图书馆图书分类法》（1958），武汉大学图书馆学系编的《武汉大学图书分类法》（1959），《大型图书馆图书分类法草案》（1960年出版，1963年改名为《中国图书馆图书分类法草案》），《中国图书馆图书分类法》（1975）等。

现今我国绝大多数图书馆使用的是《中国图书馆分类法》。这部由国家图书馆《中国图书馆分类法》编辑委员会编辑的中国图书馆分类法到2010年8月已经修订并出版发行第5版。

《中国图书馆分类法》（简称《中图法》）是以科学分类和知识分类为基础，并结合文献内容特点及形式特征进行逻辑划分和系统排列的类目表，是类分文献、组织文献分类排架、编制分类检索系统的工具。它不仅为我国各级各类型图书馆、信息部门广泛使用，而且在各类数据库乃至互联网中也得到了广泛应用，是目前我国影响最大、使用最广泛的一部综合性分类法。

修订后的《中图法》第5版通过新增类目，调整完善类目体系，修改类名、扩大类目外延，增加使用注释等修订方法，补充了新主题、新概念，增强了类目主题的容纳性，明确了类目含义和使用方法；第5版新增类目1630多个，停用与删除类目2500多个，修改类目5200多个。第5版还增加了复分、仿分等使用标记，完善了类目相互参见注释，同时继承第4版对增删改类目加沿革注释等办法，使类表的实用性有了很大的提高。另外，第5版对与人类生活息息相关的经济、生产和生活服务业（包括金融、房地产、公共设施、社会福利、娱乐业等），以及发展迅速的通信业、交通运输业、计算机技术等方面的大类进行了重点修订，使其更符合社会发展趋势。

对图书馆而言，从使用者的需求及实用性为考量看知识分类。

现象的分类及知识的分类两者都是理论事物，图书馆馆员都要考虑，因为知识存在于它必须组织的所有形式中，其最终考量的是其实用性。除了单纯的知识问题，也得考量知识承载实体、用途及使用者。对图书馆员来说，将知识分类是复杂的概念，他们不需与科学家及哲学家能力相当，但需从他们那儿知道何者相关及有用。当应用于书的内容时，学科（subject）是模糊的，最好用主题（topic）来指出现象处理的范围。馆员要学习利用科学的分类在主题描述中只有一个要素的特点，也要处理概念间的关系及不同方式的组合。

要素的顺序对很多馆员来说是分类的主要概念，目的是呈现知识让使用者易于取得有用的原则。对有用的管理及正确的详细叙述，前者基于使用者的需要及兴趣，后者则以知识的本质及通用定义为考量。我们多考量给定情境的有用管理而非文件的叙述。两者主要的区别在于一般基模中主要类别的本质。在单纯知识分类中，哲学、科学、历史及宗教就是指整个规范。在书目基模中，这些分类包括由基模建置者对有用材料的选择及规范有关主要兴趣的考量。

对馆员来说，对知识的分类意指两个方面的活动：一个是系统的建置及建置的分类专家（classificationist）；另一个是个别文件的描述及集中在系统中的适当位置，这由回应科学家指出物件的分类者（classifier）完成。两者都需要对知识、图书及系统有广泛的经验。分类专家不是只考量一致（consensus），而是分类者目标为绝对一致（consistency）的应用。即使是一个特殊的分类也有其难处，非一般分类所能比拟，在强调探讨知识与真理本质的基本哲学问题时，需要努力于调节所有可能的观点。

第五章　现代图书馆学热点研究之知识产权

第一节　知识产权概述

一、财产与产权

“财产”是人们日常生活中最为耳熟能详的一个词语，也是一个经济学、社会学和法学上的术语。然而就像许多越是为大众所熟知的词汇越难以用词语准确描述一样，“财产”同样是一个让人迷惑的概念，在民法学范畴中，中国法系和英美法系就对财产有不同的认识，甚至在英美法系的代表国家英国与美国对财产的含义也不尽相同。

最早给出财产定义的是罗马帝国塞维鲁王朝时期的法学家多米第·乌尔比安(Domitius Ulpianus，约170—228)。他在《论告示》第五十九卷用bon表示财产，他称：“财产，根据自然法被说成是使人幸福的东西，使人幸福即有用。”

在《论萨宾》中，乌尔比安认为：“财产”（pecunia）一词不仅包括现金，而且包括所有的物品，即所有的物体（corpora），因为谁也不会怀疑物体也被包含在财产这个词之内。

罗马皇帝普布利乌斯·埃利乌斯·哈德良（Publics Aelius Traianus Hadrianus，76—138）和安敦尼·庇乌（Antonius Pius，138—161）时期的法学家盖尤斯（Gaius Aquillius Gallus，约130—180），在《法学阶梯》中则指出：“有些物是有体物，另一些物是无体物……无体物是不能触摸到的物，如权利。”在这里财产有了广义的概念。财产不仅包含了有体的物，而且无体的权利也是一种财产。

了解了“财产”这一概念的产生，我们再来细细地对财产这一概念进行分类。

在现代通行的民法中，财产可分为：

（1）有形财产（又称“有体物”），如金钱、物资。

（2）无形财产（又称“无体物”），如债权、知识产权，虚拟财产权等。

此外，财产又可分为：

（1）积极财产，如金钱、物资及各种财产权利。

（2）消极财产，如债务。

还有一种分类是这样的：

（1）动产。动产（movable property）是指能够移动而不损害其经济用途和经济价值的物，一般指金钱、器物等。

（2）不动产。不动产（immovable property）是指依自然性质或法律规定不可移动的土地、土地定着物、与土地尚未脱离的土地生成物、因自然或者人力添附于土地并且不能分离的其他物。

（3）知识财产。即知识产权（intellectual property）。

二、什么是知识产权

“知识产权”一词产生于18世纪中叶的德国，它主要指文化领域中作者对创作成果享有的专有权，即我们现在所称的“版权”或“著作权”。18世纪，法国也一度使用“工业产权”这一术语，其意指出版之外的智力成果权和商业标记专有权。也有专家认为，历史上第一次提出知识产权的是瑞士人杜尔奈森（Johann Rudolf Thumeisen），他在其1738年的博士论文中探讨了知识产权，并称之为“智力创造的财产”。

如今，“知识产权”已经被大多数国家及几乎所有的国际条约、国际组织所采用，它是指一切智力创作成果的产权，如版权、专利权、商标权以及禁止不正当竞争权等。知识产权是一种无形财产权，是从事智力创造性活动取得成果后依法享有的权利，通常分为两部分，即“工业产权”和“版权”。根据1976年在斯德哥尔摩签订的《建立世界知识产权组织公约》的规定，知识产权包括对下列各项知识财产的权利。

（1）文学、艺术和科学作品。

（2）表演艺术家的表演及唱片和广播节目。

（3）人类一切活动领域的发明、科学发现。

（4）工业品外观设计，商标、服务标记以及商业名称和标志。

（5）制止不正当竞争及在工业、科学、文学或艺术领域内由于智力活动而产生的一切其他权利。

简言之，知识产权泛指一切由人类智力创造而产生的财产权，或者说是人们对其创造性智力成果和工商业标志依法享有的权利。

三、知识产权的特征

知识产品的无形是相对于动产、不动产之有形而言的。首先，不发生有形控制的占有。知识产品不具有物质形态，不占有一定的空间。人们对它的占有不是一种实在而具体的占据，而是表现为对某种知识、经验的认识与感受。知识产品虽具有非物质性特征，但它总要通过一定的客观形式表现出来，作为其表现形式的物化载体是有形财产权而不是知识产权。其次，知识产权不发生有形损耗的使用。知识产品的公开性是知识产权产生的前提条件。由于知识产品必须向社会公示、公布，人们从中得到有关知识即可使用，而且在一定时空条件下，可以被若干主体共同使用。上述使用不会像有形物使用那样发生损耗，如果无权使用人擅自利用了他人的知识产品，亦无法适用恢复原状的民事责任形式。再次，知识产权不发生消灭知识产品的事实处分与有形交付的法律处分。知识产品不可能有因实物形态消费而导致其本身消灭之情形，它的存在仅会因期间（即法定保护期）届满与否产生专有财产与社会公共财富的区别。同时，有形交付与法律处分并无联系，换言之，非权利人有可能不通过法律途径去“处分”属于他人而自己并未实际“占有”的知识产品。基于上述特征，国家有必要赋予知识产品的创造者以知识产权，并对这种权利实行有别于传统财产权制度的法律保护。无形财产权作为知识产权的本质属性，决定了它具有以下基本特征。

（一）专有性

知识产权是一种专有性的民事权利，它同所有权一样，具有排他性和绝对性的特点。不过，由于知识产品是精神领域的成果，知识产权的效力内容又不同于所有权的效力内容。知识产权的专有性主要表现在两个方面。

第一，知识产权为权利人所独占，权利人垄断这种专有权利并受到严格保护，没有法律规定或未经权利人许可，任何人不得使用权利人的知识产品。

第二，对同一项知识产品，不允许有两个或两个以上同一属性的知识产权并存。

例如，两个相同的发明物，根据法律程序只能将专利权授予其中的一个，而以后的发明与已有的技术相比，如无突出的实质性特点和显著的进步，也不能取得相应的权利。知识产权同所有权一样都具有独占或排他的效力，《著作权法》保护作者对文学艺术和科学作品的专有权，《专利法》保护发明人或设计人对发明创造的专利权，商标法保护注册人对注册商标的专用权。概言之，法律赋予该类权利以专有或独占的性质。专有性是知识产权的法律特征，但就各类知识产权来说，其表现的形式和内容不尽相同。著作权的专有性表现在权利人对其作品的专有使用权，包括采用复制、发行、展览、上演、广播、摄制、演绎等各种形式独占使用作品的权利；而专利权从其字义上说就是权利人对“利”的独占权，即发明创造的专有实施权；就商标权而言，亦称商标专用权，其权利人的独占使用权和排除他人使用的禁止权则构成该类专有权的完整内容。

（二）地域性

知识产权作为一种专有权在空间上的效力并不是无限的，而是要受到地域的限制，即具有严格的领土性，其效力只限于本国境内。知识产权的这一特点有别于有形财产权。一般来说，对所有权的保护原则上没有地域性的限制，无论是公民从一国移居另一国的财产，还是法人因投资、贸易从一国转入另一国的财产，都照样归权利人所有，不会发生财产所有权失去法律效力的问题。而无形财产权则不同，按照一国法律获得承认和保护的知识产权，只能在该国发生法律效力。除签订有国际公约或双边互惠协定的以外，知识产权没有域外效力，其他国家对这种权利没有保护的义务，任何人均可在自己的国家内自由使用该知识产品，既无须取得权利人的同意，也不必向权利人支付报酬。早在知识产权法律制度的雏形时期，地域性的特点就同知识产权紧密联系在一起。

（三）时间性

知识产权不是没有时间限制的永恒权利，时间性的特点表明：知识产权仅在法律规定的期限内受到保护，一旦超过法律规定的有效期限，这一权利就自行消灭，相关知识产品即成为整个社会的共同财富，为全人类所共同使用。这一特点是知识产权与有形财产权的主要区别之一。众所周知，所有权不受时间限制，只要其客体物没有灭失，权利即受到法律保护。依消灭时效或取得时效所产生的后果也只涉及财产权利主体的变更，而财产本身作为权利客体并不会发生变化。知识产权在时间上的有限性，是世界各国为了促进科学文化发展、鼓励智力成果公开所普遍采用的原则。建立知识产权的目的在于采取特别的法律手段调整因知识产品创造或使用而产生的社会关系，这一制度既要促进文化知识的广泛传扬，又要注重保护知识产品创造出的合法利益，协调知识产权专有性与知识产品社会性之间的矛盾。知识产权时间限制的规定，反映了建立知识产权法律制度的社会需要。

（四）无形性

知识产权客体的非物质性，是知识产权的本质属性，是与其他有形财产所有权最根本的区别。

（五）法定性

知识产权必须通过法律加以确认。

四、知识产权的范围体系

广义的知识产权包括著作权、邻接权、商标权、商号权、商业秘密权、产地标记权、专利权、集成电路布图设计权等各种权利。广义的知识产权范围，目前已为两个主要的知识产权国际公约所认可。1967 年签订的《成立世界知识产权组织公约》将知识产权的范围界定为以下类别：关于文学、艺术和科学作品的权利（即著作权）；关于表演艺术家的演出、录音制品和广播节目的权利（即邻接权）；关于人类在一切领域的发明的权利（即发明专利权及科技奖励意义上的发明权），关于科学发现的权利（即发现权）；关于工业品外观设计的权利（即外观设计专利权或外观设计权）；关于商标、服务标志、厂商名称和标记的权利（即商标权、商号权）；关于制止不正当竞争的权利（即反不正当竞争权），以及一切在工业、科学、文学或艺术领域由于智力活动产生的其他权利。1993 年关贸总协定缔约方通过的《知识产权协议（草案）》划定的知识产权范围包括：著作权及其有关权利（即邻接权）、商标权、地理标记权、工业品外观设计权、专利权、集成电路布图设计权、未公开信息专有权（即商业秘密权）。

五、专利权

专利（patent）一词来源于拉丁语 Litterae Patentes，意为公开的信件或公共文献，是中世纪的君主用来颁布某种特权的证明，后来指英国国王亲自签署的独占权利证书。现代法律意义上的专利的基本特征包括了“垄断”和“公开”两个方面的意思，以“公开”换取“独占”是专利制度最基本的核心，“独占”是指法律授予技术发明人在一段时间内享有排他性的独占权利，“公开”是指技术发明人作为对法律授予其独占权的回报而将其技术公之于众，使社会公众可以通过正常渠道获得有关专利信息。专利制度可以说是兼顾了发明人利益和公众利益的很好的制度设计。爱迪生的成功在很大程度上很好地诠释了专利制度的这种基本特征。

托马斯·阿尔瓦·爱迪生（Thomas Al va Edison，1847—1931），美国电工学家、企业家，拥有众多重要的发明专利，被传媒授予“门洛帕克的奇才”称号的他，是历史上第一个利用大量生产原则和工业研究实验室来生产发明专利的人。他拥有超过 2000 项发明，包括对世界产生极大影响的留声机、电影摄影机、钨丝灯泡等。在 1868 年 10 月 11 日，他发明的“投票计数器”，获得生平第一项专利权，之后便一发不可收拾。在美国，爱迪生名下拥有 1093 项专利，而他在美国、英国、法国、德国等地的专利数累计超过 1500 项。1892 年他创办通用电气公司。他是有史以来最伟大的发明家，迄今，在世界上也没有一个人打破由他所创造的专利数世界纪录。

广义上讲，人们现在所讲的“专利”一词包括三个方面的含义。

（1）从法律角度可理解为专利权，即专利申请人就某一项发明创造向专利局提出专利申请，依照专利法审查合格后，由专利局向专利申请人授予在规定期限内对该发明创造享有的专有权。

（2）从技术角度理解，是指受法律保护的技术，也就是受专利法保护的发明创造。例如，某单位引进或实施某项专利，指的是某单位引进或实施了被授予专利权的某项发明创造。

（3）从文献角度理解，是指记录发明创造内容的专利文献。例如，“查专利”意即查阅专利文献。狭义上讲，“专利”即专利权。

专利权是指建立了专利制度的国家通过其政府机构（专利局）以法律形式保护发明人在一定时期内享有的技术专有权利。凡符合专利法规定的发明创造，经审查和批准，在申请国授予专利权，便成为一种知识产权，受法律保护。

专利权是工业产权的重要组成部分，是一种无形财产，它与有形财产的产权相比较，有其独特的特点。

（一）专有性

也称独占性、排他性。即专利权人对其发明创造所享有的独占性的制造、使用、销售的权利，其他任何单位或个人未经专利权人许可不得为生产经营目的而制造、使用、许诺销售、销售、进口其专利产品或者使用其专利方法，以及使用、许诺销售、销售、进口依照该方法直接获得的产品。而且专利权是唯一的，对同样内容的发明创造，国家只授予一次专利权。在规定的专利保护期限内，任何单位或个人要想实施他人专利，必须与专利权人签订实施许可证合同，否则就是侵犯专利权。

（二）地域性

专利的地域性是指一个国家依照本国专利法授予的专利权，仅在该国法律管辖范围内有效，对其他国家没有任何约束力，外国对其专利权不承担保护的义务。如果一项发明创造只在我国取得专利权，那么专利权人只在我国享有专有权或独占权，若有人在其他国家和地区生产、使用或销售该发明创造，则不属于侵权行为。

苹果公司与三星公司之间的一场旷日持久并转战多个国家的专利大战充分证明了专利权的地域性特点。

Tech Web 报道：2012 年 8 月 27 日消息，苹果公司与三星公司持续一年多的专利大战在 8 月 25 日告一段落。当日，美国加利福尼亚圣何塞地区法院陪审团做出裁决，在苹果公司和三星公司专利侵权诉讼中，韩国三星公司在包括双击放大和滚屏专利，以及硬件风格和图标设置等方面都被判侵犯了苹果公司专利，三星公司应当向苹果公司赔偿 10.5 亿美元。陪审团同时表示，苹果公司产品没有侵犯三星公司的专利，无须赔偿。

此前苹果公司诉称，三星公司包括 Nextl，s4c 和 Galaxy S II 在内的多款设备均侵犯了苹果公司的专利。这一裁决结果意味着在三星公司更改这些产品的设计前，将无法在美国市场继续销售这些产品。

然而这一大战似乎远没有结束，就在圣何塞法庭宣布裁决结果几小时后，三星公司于韩国时间 2011 年 4 月 25 日上午发布声明，宣布将就裁决结果上诉，称这一判决并不意味着最终结局。

苹果公司于 2011 年 4 月对三星提起诉讼，称三星公司侵犯了苹果的专利权，而三星公司随后提起反诉。除美国市场之外，苹果公司和三星公司还在英国、德国、澳大利亚和韩国相互提起诉讼。这里对苹果公司和三星公司专利权大战的过程进行回顾。

2011 年 4 月 15 日，苹果公司在美国针对三星公司提起诉讼，称三星公司侵犯了苹果公司的专利权。苹果公司指责三星公司“偷窃”了部分 iPad 和 iPad2 的设计，向三星公司索赔 25 亿美元，并要求停止销售其平板产品。

2011 年 4 月 21 日，三星公司在韩国、日本和德国起诉苹果公司，称苹果公司侵犯了三星公司的专利权。

2011 年 6 月 28 日，三星公司向美国国际贸易委员会（ITC）起诉苹果公司。

2011 年 8 月 4 日，苹果公司向德国杜塞尔多夫地区法院申请初步禁令，希望禁止三星公司和三星德国公司对某些产品的销售。

2011 年 8 月 9 日，杜塞尔多夫地区法院发布了初步禁令，禁止三星公司销售某些型号的 Galaxy　Tab 平板电脑。这一初步禁令称，三星公司的产品涉嫌侵犯苹果公司的一项设计专利。这一禁令只是临时举措，禁令将持续到相关专利权诉讼的听证会召开。

2011 年 8 月 29 日，三星公司表示，由于澳大利亚的一个法庭听证会正在进行，将把 10.1 英寸 Galaxy Tab 平板电脑在澳大利亚推出的时间延迟到 9 月最后一周。

2011 年 9 月 2 日，杜塞尔多夫地区法院接受苹果的请求，禁止三星公司在德国销售或推广最新的 7.7 英寸 Galaxy Tab 平板电脑。

2011 年 9 月 5 日，三星公司表示，由于德国法庭的禁令，将不会在柏林的 IFA 消费电子展上展示 7.7 英寸 Galaxy Tab 平板电脑。

2011 年 9 月 8 日，苹果公司日前向日本东京地方法院提交诉讼书，指控三星公司侵犯了两项与 iPhone 和 iPad 有关的专利权，索赔 1 亿日元。并请求法庭发布禁令，禁止三星公司在日本销售侵权产品。

2011 年 9 月 9 日，杜塞尔多夫地区法院维持 8 月份发布的对三星公司的初步禁令，从而禁止三星公司在德国销售某些型号的平板电脑。三星公司对这一禁令提出申诉。

2011 年 9 月 26 日，苹果公司在澳大利亚对三星公司提起多项专利权诉讼。其中 3 起诉讼涉及触摸屏技术，这些诉讼将举行听证会。苹果公司请求法庭发出禁令，从 9 月 30 日开始禁止三星公司在澳大利亚销售 10.1 英寸 Galaxy Tab 平板电脑。

2011 年 10 月 12 日，三星公司表示，计划对使用的技术进行调整，绕开苹果公司的相关专利，从而规避荷兰的一项智能手机销售禁令。

2011 年 10 月 13 日，澳大利亚一名法官维持对三星公司 10.1 英寸 Galaxy Tal 的临时禁令。法官安娜贝尔·贝内特（Annalelle Bennett）判决称，如果使用了触摸屏技术，那么三星公司的产品不得在澳大利亚销售。苹果公司认为三星公司的触摸屏技术侵犯了该公司专利。

2011 年 11 月 29 日，苹果公司向德国杜塞尔多夫地区法院提出请求，希望法庭禁止三星公司在德国销售 Galaxy Tab 10.1 N 平板电脑。这款平板电脑是对 10.1 英寸 Galaxy Tab 的升级，而后者已于 9 月在德国遭到初步禁令。

2011 年 11 月 30 日，三星公司在澳大利亚上诉成功，推翻了此前的临时禁令，从而可以销售 10.1 英寸 Galaxy Tab 平板电脑。在最终的听证会之前，三星公司将可以在澳大利亚销售这款产品，而听证会的日期目前尚未确定。

2012 年 3 月 6 日，三星公司向韩国首尔一家法院递交了诉讼，指控苹果公司 iPhone4S 和 iPad2 侵犯了其持有的三项专利。

2012 年 5 月 24 日，库克和三星公司 CEO 崔志成在旧金山一家法院会面，寻求和解，但最终失败。

2012 年 7 月 31 日，美国加利福尼亚州法院开庭审理苹果公司与三星公司电子的专利诉讼。苹果公司在开庭陈述中将三星公司描绘成“美学盗窃者”，指责三星公司剽窃其灵感而不是进行创新。

2012 年 8 月 25 日，美国加利福尼亚州圣何塞地区法院的苹果公司和三星公司专利侵权诉讼中，陪审团裁定，三星公司侵犯了苹果公司的 6 项专利，并要求三星公司向苹果公司赔偿 10.5 亿美元。

韩国首尔中央地方法院同一天也对苹果公司和三星公司的专利诉讼做出了裁定，苹果公司和三星公司互相侵犯对方的专利，其中苹果公司侵犯了三星公司两项专利，需赔偿 35000 美元。三星公司也侵犯了苹果公司的一项专利，需赔偿 22000 美元。

苹果公司和三星公司这场旷日持久的专利官司似乎别有深意，由美国有线电视新闻网（CNN）网站的观点可见一斑。CNN 撰文称苹果公司可能会继续起诉谷歌和其他安卓

（Android）硬件厂商，而谷歌有可能被迫调整Android界面。市值曾一度超越诺基亚的HTC,2013年被美国国际贸易委员会判决侵犯苹果公司专利权后，多款新品在美国推迟发布或被禁售，出现连续三个季度利润下滑，智能手机市场份额明显下滑，如今远落后于苹果公司和三星公司。

（三）时效性

所谓时效性，是指专利权人对其发明创造所拥有的法律赋予的专有权只在法律规定的时间内有效，期限届满后，专利权即告终止，专利权人对其发明创造不再享有制造、使用、销售的专有权，其发明创造成为社会的公共财产，任何单位或个人均可无偿使用。

专利权的期限，各国专利法的规定长短不一，一般来说，发明专利自申请日或批准日起为15～20年，实用新型和外观设计专利为5～10年。我国专利法规定的专利权期限自申请日起计算，发明专利为20年，实用新型和外观设计专利为10年。

六、著作权

“著作”这个词，最早是“著作郎”的简称。“著作郎”是三国魏明帝时期设置的官职，负责掌管编纂国史。其属有著作佐郎（后代或称佐著作郎）、校书郎、正字等。晋元康中改属秘书省，称为大著作。唐代主管著作局，亦属秘书省。宋元因之，惟宋别有国史院，故著作郎仅参与汇编“日历”（每日时事）等。明代废。

“著作”的另一个意思，就是著述和写作。《礼记·乐记》上有：“作者之谓圣，述者之谓明。明圣者，述作之谓也。”这里的“述”是“传承”的意思；“作”则是“创新”的意思。“述”和“作”后来也就用以指撰写著作，或直接作品。

著作既然是人的脑力劳动的成果，自然也就是人的财富的一部分，使人能以著作而获取财富的，那就是著作权。

汉语中的“著作权”与“版权”均源于日文汉字，是于19世纪末自日本引进的。

著作权是指文学、艺术和自然科学、社会科学作品的作者及其相关主体依法对作品所享有的人身权利和财产权利。它是自然人、法人或者其他组织对文学、艺术或科学作品依法享有的财产权利和人身权利的总称。著作财产权是无体财产权，是基于人类智慧所产生之权利，故属智慧财产权，是知识产权的一种。

著作权也称为版权。版权最初的含义是版和权（copyright），也就是复制权。此乃因过去印刷术的不普及，当时社会认为附随于著作物最重要之权利莫过于将之印刷出版之权，故有此称呼。不过随着时代演进及科技的进步，著作的种类逐渐增加。

其实，早在公元4世纪末，中国就曾发生过一场名副其实的著作权之争。南朝梁钟嵘《诗品》（卷下）齐道猷上人、释宝月一节载：南朝齐有两位西方天竺（今印度）高僧“庾、帛二胡”，庾即释宝月，帛为帛道猷。史载：齐释宝月本姓庾。一说，本姓康。唐权德舆《权载之文集·送清洨上人谒信州陆员外》诗云：“佳句已齐康宝月，清谈远指谢临川”，按权诗后出，庾、康字形相近易误，当从《诗品》作“庾”。《诗品》以帛道猷和释宝月并称“庾、帛二胡”，这两位天竺高僧先后来华，渡江南下，驻足江南，融入中土文化，善诗吟，游于士林，跻入了南齐社会上层。帛道猷《陵峰采药》诗云：“连峰数千里，修竹带平津。茅茨隐不见，鸡鸣知有人。”世誉为千古绝唱。释宝月也能诗，晓音律，曾为齐武帝萧赜《估客乐》一诗谱曲，“旬日之中，便就谐和”。

《诗品》云：“《行路难》是东阳柴廓所造。（齐释）宝月尝憩其家，会廓亡，因窃而有之。廓子资手本出都，欲讼此事，乃厚赂止之。”柴廓，不详，《行路难》一首，始载徐陵《玉台新咏》（卷九），题作释宝月。其词曰：“君不见孤雁关外发，酸嘶度扬越。空城客子心肠断，幽闺思妇气欲绝。凝霜夜下拂罗衣，浮云中断开明月。夜夜遥遥徒相思，年年望望情不歇。寄我匣中青铜镜，倩人为君除白发。行路难！行路难！夜闻南城汉使度，使我流泪忆长安。”

柴廓《行路难》，体属乐府歌行，回环跌宕，词旨清越，如行云流水，确是佳篇，即使在南齐诗坛，也是一时之选。不幸柴廓死后，释宝月这位天竺诗僧俗心涌动，采取卑劣手段，将柴廓诗篇窃为己有，促使廓子持柴廓手本出京，必欲采取法律手段，“欲讼此事”，维护其亡父的著作权益。柴廓子版权意识的萌芽，及其采取法律诉讼手段“欲讼此事”，前所未有。这一重大历史事件大约发生在南朝齐武帝萧赜永明（483—493）间，较之西方宗教“传说”中的芬连院长与学生柯兰贝有关“圣诗篇”之争，要早约两个世纪。无可论争，这是在世界文化史上有文献可证者“最早的版权之争”的真正起点。

世界上第一部著作权法，英国《安娜法令》开始保护作者的权利，而不仅仅是出版者的权利。1791年，法国颁布了《表演权法》，开始重视保护作者的表演权利。1793年又颁布了《作者权法》，作者的精神权利进一步得到重视。

美国宪法第一条第八项第八款：“为促进科学及实用艺术之发展之目的，联邦国会应有权限授予作者及发明者，对于其写作及发明享有一定时间之专属权利。”

中文最早使用“著作权”一词，始于中国第一部著作权法律《大清著作权律》。清政府解释为：

有法律不称为版权律而名之曰著作权律者，盖版权多于特许，且所保护者在出版，而不及于出版物创作人；又多指书籍图画，而不是以赅刻模型等美术物，故自以著作权名之适当也。

著作权是以表彰创作者及给予合理报酬的方式鼓励创作者的法律制度，因而保障著作权对于人类创造力至为重要。这种权利制度使创作者确信在传播其作品时可不再担心遭受未经许可的重制或盗版。因为这种制度性保障而不断产生的创意使全世界人类享有更多、更好的文化、知识及娱乐的乐趣。

七、知识产权的保护

凡财产，便会有人意图染指或觊觎。知识产权同样需要像有形财产一样得到有效的保护。

知识产权法中，最早出现的应该是专利权法，专利权法也被称作专利制度。西方最早的专利则是封建君主为了鼓励发明创造，特许授予发明人一种垄断权，使他们能够在一定期限内独家享有经营某些产品或工艺的特权，而不受当地封建行会的干预。由于封建君主在授予这种特权时常采用一份公开的文件（拉丁文为 literae patens），他们的持有者因此拥有一定的特权、头衔等，后来这种独占的经营权便与“literae patens”连在一起，英文中的“patent”（专利权）便来源于此。

1474 年威尼斯《专利法》产生。

1584 年伽利略·伽利雷（Galileo Galilei，1564—1642）发明了“扬水灌溉机”，获得 20 年的专利权。

1624 年《垄断法》问世，标志着英国专利制度的最终形成，也为世界各国现代专利法奠定了基础。此后，英国专利制度经历了一个平稳的发展过程。1852 年颁布《专利法修改法令》，对专利制度彻底改革，制定了发明专利的获得程序，第一次明文规定专利申请必须提交专利说明书，并在规定期限内予以公布。

在我国以专利的形式出现是在清朝光绪年间。1881 年资产阶级改良派郑观应（1842—1921）向李鸿章（1823—1901）上书，要求给予上海机器织布局的机器织布工艺以 10 年的专利。1882 年经光绪（清德宗·爱新觉罗·载湉，1871—1908）核准，给予上海机器织布局 10 年专利权。这是较有影响的我国历史上的“钦赐”专利，它已经比西欧国家的类似进程迟了 300 多年。

1898 年，在著名的“戊戌变法”中，光绪皇帝签发了《振兴工艺给奖章程》，这是我国历史上的第一部专利法，但它并未付诸实施。

与专利权法相比，商标权法、著作权等知识产权法的出现则要晚得多。

原始版权即“翻印权”，是保护印刷出版商的封建特许权。该保护制度最早起源于宋，宋曾颁布“禁擅镌”的命令。

15 世纪末，威尼斯共和国授予印刷商冯•施贝叶（Johann von Speyer，？—1470）为期 5 年的印刷出版专有权，被认为是西方第一个由统治政权颁发的保护翻印之权的特许令。

欧洲第一个要求享有“作者权”，亦即对印刷商无偿占有作者的精神创作成果提出抗议的是德国宗教改革领袖马丁•路德，他于 1525 年出版的《对印刷商的警告》小册子，揭露了某些印刷商盗用他的手稿，指责这些印刷商的行为与拦路抢劫的强盗毫无二致。

1709 年，英国议会通过了世界上第一部著作权法：《为鼓励知识创作而授予作者及购买者就其已印刷成册的图书在一定时期内之权利法》，即《安娜法》。从主要保护印刷出版者转为主要保护作者，这可以说是著作权发展史上的一个飞跃，但没有强调对作者精神权利的保护。其“版权”体系以保护作者利益为主，并以经济权利内容为限。

法国 1791 年《表演权法》，1793 年《作者权法》，使著作权法离开了“印刷”“出版”的基点，成为名副其实的保护作者权的法律。之后的大陆法系国家皆沿用“作者权”的概念，与英国的“版权”相对应。

1883 年《保护工业产权巴黎公约》在巴黎签署。

1886 年《保护文学艺术作品伯尔尼公约》在瑞士伯尔尼签署。

1891 年《商标国际注册马德里协定》在马德里签署。

1925 年《工业品外观设计国际保存海牙协定》在海牙签署。

1957 年《商标注册用商品和服务国际分类尼斯协定》在法国尼斯签署。

1958 年《保护原产地名称及其国际注册里斯本协定》在葡萄牙里斯本签署。

1970 年《专利合作条约》在美国华盛顿签署。

1989 年《关于集成电路的知识产权条约》在美国华盛顿签署。

1998 年《数字千年版权法》在美国华盛顿签署。

在中国，1910 年 12 月，清政府才颁布了中国首部著作权法《大清著作权律》。这部法律因次年辛亥革命爆发，并未施行。

1915 年 11 月，北洋政府迫于压力颁布了《北洋政府著作权法》。

1928 年 5 月，南京国民政府颁布了《中华民国著作权法》，该法几经修缮，在台湾一直沿用至 1985 年。

20 世纪 80 年代，中国开始逐步建立知识产权制度。

1983 年 3 月，中国实行了商标法。

1985 年 4 月，实行了专利法。

1990 年 9 月，颁布了《中华人民共和国著作权法》，并于 1991 年 6 月 1 日起开始实施。

就像所有的法律制度都是双刃剑一样，知识产权制度在立法的过程中同样也遭遇了两难的尴尬，因保护过度而造成的物价上涨和因保护不利而带来的科技落后就是一对很难调和的矛盾。但就总体来看，知识产权制度的出现，刺激了人们的发明创造热情，它所起的作用，正如美国第 16 任总统亚伯拉罕·林肯（Abraham Lincoln，1809—1865）所说的那样“专利制度是给天才之火浇上利益之油”（The patent system has added the fuel of interest to the fire of genus）。

八、知识产权组织

（一）世界知识产权组织

1970 年后，《建立世界知识产权组织公约》生效，保护知识产权联合国际局更名为世界知识产权组织。

1974 年，世界知识产权组织成为联合国组织系统的一个专门机构，肩负着管理知识产权事务的任务，这一任务得到了联合国会员国的承认。世界知识产权组织的总部设在瑞士日内瓦，在美国纽约联合国大厦设有联络处。

中国于 1980 年加入了世界知识产权组织。

世界知识产权组织的主要职能是负责通过国家间的合作促进对全世界知识产权的保护，管理建立在多边条约基础上的关于专利、商标和版权方面的 23 个联盟的行政工作，并办理知识产权法律与行政事宜。该组织的很大一部分财力是用于同发展中国家进行开发合作，促进发达国家向发展中国家转让技术，推动发展中国家的发明创造和文艺创作活动，以利于其科技、文化和经济的发展。

（二）国际保护知识产权协会

国际保护知识产权协会是国际工业产权界的一个民间组织，成立于 1897 年。

国际保护知识产权协会的宗旨是，在国际间改善和促进知识产权的保护，促进各国对知识产权立法的研究，实现各国知识产权立法的一致，以利于知识产权在世界范围内能够得到有效的保护。该协会现在在全球 70 多个国家和地区设立了分部，会员达 8000 多人。这是一个非营利性组织，总部设在瑞士，每隔一年举办一次国际大会和执委会。

（三）欧洲专利局

欧洲专利局（European Patent Office，EPO）是根据欧洲专利公约（European Patent Convention，EPC）于1977年正式成立的一个政府间组织。其主要职能是负责欧洲地区的专利审批工作。欧洲专利局目前有38个成员国，早期的19个国家分别是：奥地利、比利时、丹麦、法国、德国、希腊、爱尔兰、意大利、列支敦士登、卢森堡、摩纳哥、荷兰、葡萄牙、瑞典、瑞士、西班牙、英国、塞浦路斯、芬兰。

（四）联合国教科文组织

联合国教科文组织，全称为联合国教育、科学与文化组织，成立于1945年11月16日，总部设在法国巴黎，在世界各地有73个总部外办事处和单位。目前有195个会员国。

联合国教科文组织之宗旨在于通过教育、科学及文化来促进各国间之合作，对和平与安全做出贡献，以增进对正义、法治及《联合国宪章》所确认之世界人民不分种族、性别、语言或宗教均享人权与基本自由之普遍尊重。

（五）世界贸易组织

世界贸易组织是在关税及贸易总协定基础上，经过若干轮多边贸易谈判后于1995年成立的，是目前唯一一个协调各国间贸易活动的全球性国际组织。

建立世贸组织的设想是在1944年7月举行的布雷顿森林会议上提出的，当时设想在成立世界银行和国际货币基金组织的同时，成立一个国际性贸易组织，从而使它们成为第二次大战后左右世界经济的“货币—金融—贸易”三位一体的机构。1947年联合国贸易及就业会议签署的《哈瓦那宪章》同意成立世贸组织，后来由于美国的反对，世贸组织未能成立。同年，美国发起拟订了关贸总协定，作为推行贸易自由化的临时契约。1986年关贸总协定乌拉圭回合谈判启动后，欧共体和加拿大于1990年分别正式提出成立世贸组织的议案，1994年4月在摩洛哥马拉喀什举行的关贸总协定部长级会议才正式决定成立世贸组织。

2001年12月11日，中国正式加入世界贸易组织，成为其第143个成员。

（六）非洲知识产权组织

非洲知识产权组织是由12个以法语为官方语言，并在法律制度方面受法国影响的非洲国家（前法国殖民地）于1962年成立的，最初只是统一执行成员国专利制度的政府间组织，现已发展成为全面负责知识产权事务的区域性知识产权组织，成员国已发展到17个，总部设在喀麦隆首都亚温得。在过去的50余年中，该组织在非洲地区的知识产权保护方面发挥了巨大的作用，而且在知识产权国际保护活动中也是一个重要角色。

（七）比利时、荷兰、卢森堡统一商标局

1944 年 9 月 5 日，比利时、荷兰与卢森堡三国共同签署关税公约，成立关税同盟，并将三国名称拼合在一起作为该同盟的名称，从而形成了 BENELUX。该同盟的成立在三国战后重建过程中发挥了举足轻重的作用。1958 年，三国签订一项条约，将此前已经存在的若干协定捆绑在一起，成立 BENELUX 经济同盟。BENELUX 经济同盟意在使三国间的商品与服务贸易全面自由化。为了真正实现商品与资本的自由流动，有必要形成单一的工业产权保护机制。为此，三国于同一年决定使各自的商标立法实现标准化。作为商标法标准化进一步发展的结果，三国于 1962 年 3 月签署了 BENELUX 产品标志公约，为 BENELUX 统一商标法最终形成奠定了基础。1971 年 1 月 1 日，《比利时、荷兰、卢森堡统一商标法》生效，统一的 BENELUX 商标局也同时成立。

九、保护知识产权的国际公约

（一）《保护工业产权的巴黎公约》

《保护工业产权的巴黎公约》于 1883 年 3 月 20 日在巴黎签订，1884 年 7 月 6 日生效。该公约经过七次修订，现行的是 1980 年 2 月在日内瓦修订的文本。原缔约国为 11 个国家：比利时、巴西、法国、危地马拉、意大利、荷兰、葡萄牙、萨尔瓦多、塞尔维亚、西班牙和瑞士。到 2002 年 9 月 19 日，公约已有包括中国在内的 164 个成员。该公约缔结时，缔约国的意图是使公约成为统一的工业产权法，但由于各国利害关系不同，各国国内立法制度差别也较大，因而无法达成统一，该公约最终成为各成员国制定有关工业产权时必须共同信守的原则，并可起到协调作用。

（二）《专利合作条约》

《专利合作条约》（Patent Cooperation Treaty，PCT），1970 年 6 月 19 日在华盛顿签订，并于 1978 年生效。当时的成员有奥地利专利局、澳大利亚专利局、欧洲专利局、日本特许厅、瑞典专利与商标注册局、美国专利与商标局、俄罗斯专利与商标委员会。我国于 1994 年 1 月 1 日加入 PCT，成为 PCT 的正式成员国。同时，中国国家知识产权局也成为 PCT 的受理局、国际检索单位和国际初审单位。

（三）《商标国际注册马德里协定》

《商标国际注册马德里协定》于 1967 年 7 月 14 日签订于斯德哥尔摩，于 1989 年 5 月 25 日生效，是用于规定、规范国际商标注册的国际条约。有 84 个成员国。我国在 1989 年加入。

（四）《保护文学艺术作品伯尔尼公约》

19 世纪，西欧尤其是法国涌现出许多大文学家、大艺术家，他们创作的大量脍炙人口的作品流传到世界各地，这些国家也就开始相应地重视版权的国际保护。1878 年，由雨果主持在巴黎召开了一次重要的文学大会，建立了一个国际文学艺术协会。1883 年该协会将一份经过多次讨论的国际公约草案交给瑞士政府。瑞士政府于 1886 年 9 月 9 日在伯尔尼举行的第三次大会上予以通过，定名为《保护文学和艺术作品伯尔尼公约》（简称《伯尔尼公约》）。原始签字国有英国、法国、德国、意大利、瑞士、比利时、西班牙、利比里亚、海地和突尼斯 10 国，1887 年 9 月 5 日签字国互换批准书（只有利比里亚没有批准），公约 3 个月后（1887 年 12 月）生效，这就是世界上第一个国际版权公约。所有参加这一公约的国家组成一个联盟，称伯尔尼联盟，并选出了联盟的国际局，规定了以后参加国应履行的手续、公约的修订程序。

1992 年 7 月 10 日和 7 月 30 日，中国政府分别向世界知识产权组织和联合国教育、科学、文化组织递交了《伯尔尼公约》和《世界版权公约》的加入书。分别从 1992 年 10 月 15 日和 10 月 30 日起，中国成为伯尔尼公约和世界版权公约的成员国。

十、知识产权制度对图书馆的影响

图书馆作为信息的收藏与传播机构，其主要社会功能是推动科学文化事业的发展，满足公众的精神需要，可以说图书馆代表着公共利益。知识产权代表的是个体利益，是私权的一种，一旦由法律授予（版权自动获得，无须履行任何手续），便成为一种绝对权，只有合法的版权所有人才可以行使某些权利（如复制、网络信息传播等）。社会其他任何人都负有尊重他人知识产权的义务。图书馆也同样必须尊重知识产权，履行社会职能时必然会受到相应的限制。

图书馆自从向读者开放以来，一直最大限度地满足读者对馆藏文献信息的利用。其内容包括：借阅、复制、检索和咨询等。但是图书馆传播知识的广泛性和无偿性与知识产权，尤其是著作权保护的有偿性、限定性，必然会产生明显的矛盾。因此，深入研究知识产权保护制度给图书馆工作带来的影响，将为发展图书情报服务和深化图书馆改革提供重要依据。

（一）对图书馆外刊订购的影响

我国大部分图书馆的外文期刊有：外文原版期刊和外文影印期刊。我国加入 WTO 后，影印国外原版期刊将被视为盗版行为；要么停止影印，要么购买版权后再影印，但价格会上涨很多；要么干脆直接订购原版外文期刊，然而我国绝大多数图书馆没有经济能力全部购买外文原版期刊，只能不订。但是停止引进国外智力资源将对我国经济文化和科技事业的发展产生消极的影响，而这种影响是长期的、潜在的影响。

（二）对图书馆复制业务的影响

现代科技的发展，使文献复制变得十分容易、便捷且价格不贵。图书馆在为读者提供复制业务服务时，必须明确知道，合法复制与非法复制的范围和界限，我国的《著作权法》第二十二条规定下列情况属于合理复制范围。

（1）为学校课堂教学或科研目的提供少量复制，供教学和科研人员使用，不得出版发行。

（2）为个人学习、研究或者欣赏。

（3）为介绍、评论某一作品或者说明某一问题。

（4）为陈列或保存版本的需要，复印本馆收藏的作品。

（5）国家为执行公务的需要，要求提供某些作品复制。

非法复制包括下列内容。

（1）将有价值的文献信息资料复印汇编成资料提供给用户，并且对外公开发行、出售。

（2）将缩微品文献翻拍放大成书本或其他形式出售或提供读者有偿使用。

（3）利用缩微技术大量复制、发行享有著作权保护的文献资料。

（4）为用户转录、复制本部门收藏的录音、录像制品，从中获取利益等都超出合理使用复制的范围，但有时复制的界限很难掌握。

《中华人民共和国著作权法》第二十二条规定在下列情况下使用作品，可以不经著作权人许可，不向其支付报酬，但应当指明作者姓名、作品名称，并且不得侵犯著作权人依照本法享有的其他权利。

（1）为个人学习、研究或者欣赏，使用他人已经发表的作品。

（2）为介绍、评论某一作品或者说明某一问题，在作品中适当引用他人已经发表的作品。

（3）为报道时事新闻，在报纸、期刊、广播电台、电视台等媒体中不可避免地再现或者引用已经发表的作品。

（4）报纸、期刊、广播电台、电视台等媒体刊登或者播放其他报纸、期刊、广播电台、电视台等媒体已经发表的关于政治、经济、宗教问题的时事性文章，但作者声明不许刊登、播放的除外。

（5）报纸、期刊、广播电台、电视台等媒体刊登或者播放在公众集会上发表的讲话，但作者声明不许刊登、播放的除外。

（6）为学校课堂教学或者科学研究，翻译或者少量复制已经发表的作品，供教学或者科研人员使用，但不得出版发行。

（7）国家机关为执行公务在合理范围内使用已经发表的作品。

（8）图书馆、档案馆、纪念馆、博物馆、美术馆等为陈列或者保存版本的需要，复制本馆收藏的作品。

（9）免费表演已经发表的作品，该表演未向公众收取费用，也未向表演者支付报酬。

（10）对设置或者陈列在室外公共场所的艺术作品进行临摹、绘画、摄影、录像。

（11）将中国公民、法人或者其他组织已经发表的以汉语言文字创作的作品翻译成少数民族语言文字作品在国内出版发行。

（12）将已经发表的作品改成盲文出版。前款规定适用于对出版者、表演者、录音录像制作者、广播电台、电视台的权利的限制。

（三）对图书馆信息咨询服务的影响

信息咨询服务是图书馆很重要的服务形式，它一般包括两种方式：一是提供信息咨询线索；二是为用户提供特定项目的可行性论证、技术预测、专题技术调查、分析评价报告等咨询服务。后一种方式属于参考性咨询，这些服务常常涉及知识产权问题。例如，有些图书馆在对文献信息深加工后，编写的二次文献、三次文献，像书目、索引、文摘往往会涉及原著者的知识产权保护问题，为此图书馆工作者应具有相应的知识产权法律知识，避免发生侵权行为。

第二节　数字化时代下的知识产权

一、数字化与复制权

文献资源的数字化处理是数字图书馆信息资源建设中的首要工作，是构建数字图书馆的物质基础。所谓文献资源的数字化是指依靠计算机技术把以文字、数值、图像、声音等形式表现的信息输入计算机中转换成二进制数字编码，并存储起来，在需要时再把这些被转换成数字编码形式的信息还原。

文献资源的数字化是复制还是再创作，我国知识产权界曾对这个问题展开过激烈的讨论，其中占主导地位的一种观点认为，文献资源的数字化是对作品的演绎，而不是复制。这种观点到目前为止已不值得一驳了。国际社会对这个问题也早有定论，根据1996年12月20日内瓦会议缔结的《世界知识产权版权条约》（WCT）和《世界知识产权组织表演和录音制品条约》（WPPT）的条款规定，作品的数字化是涵盖在复制权之中的。WCT第一条第四款的规定指出：“《伯尔尼公约》第九条意义下的复制权及其所允许的例外，完全适用于数字环境，尤其是以数字形式使用作品的情况。”其实，早在WCT通过之前，对于文献资源数字化是否属于著作权法上的复制这一问题，许多发达国家都已有明确的规定。例如，美国在1995年《关于知识产权报告》的白皮书中指出，扫描印刷作品而成的数字化文件是该作品的复印件，照片、电影及录音制品的数字化都构成复制。欧盟在1995年的《信息社会的版权和相关权的绿皮书》中指出，作品或其他受保护客体的数字化在复制权的控制范围之内。从理论上说，数字化行为完全符合复制行为的特征要件。将作品或录音制品数字化只是对原作品或录音制品的一种复制行为，并没有形成新的作品或录音制品，因此我们倾向于“数字化”是一种复制行为的观点。理由如下：首先，人们对文献资料数字化的初衷是为了制作与原件相同的复印件，而不是为了改变原作品本身。其次，数字化后作品并没有创造性。将他人的语言文字作品数字化后，以数字化方式使用，改变的只是作品的存储形式和使用手段，并没有产生新的作品。这种转换行为不具有著作权法意义上的创造性。尽管在数字化过程中为了提高数字化的质量和效率，可能存在大量的独创性劳动，但并没有对原作品进行某种创新，并且作品的数字化过程完全是由机械完成的。最后，从特定方式来看，文献资料的数字化实质是将文献资料的载体形式转换成二进制编码，并固定在某个载体上，如同将软件固定在有形物体上。我国《计算机软件保护条例》把这一过程视为复制，那么对文献资料进行数字化处理，理应看作是复制行为的一种。

文献资料数字化后改变的仅仅是作品的存在形式和载体，并没有产生新的作品。因此，数字化后作品的著作权仍归原著作权人享有。为此，我国国家版权局在1999年12月9日发布的《关于制作数字化制品的著作权规定》第二条中称：“将已有作品制作成数字化制品，无论已有作品以任何形式表现与固定，都属于《著作权法》所称的复制行为。”该规定在第三条又指出：“除著作权法另有规定外，利用受著作权法保护的他人作品制作数字化制品，应事先取得著作权人的许可。”

由此可见，文献资源的数字化是一种复制行为，数字图书馆在进行信息资源的数字化工作时，必须按照复制权的相关规定执行。

二、不同文献资料的数字化

对于本身属于公有领域而不享有著作权保护的文献作品，《著作权法》确立了受保护对象与公有领域的界限。所谓公有领域是指社会的公有财富，任何人都可以自由使用的财富。确立公有领域的标准主要有：一是公共信息，如法律法规、历法数表、气象信息、灾情预报等，以及有关的公式、原则和方法；二是智力活动的规则与方法；三是社会公知的技术与信息。

就像我国《著作权法》第五条规定的“法律、法规，国家机关的决议、决定、命令和其他具有立法、行政、司法性质的文件及其官方正式译文”，“时事新闻”，“历法、通用报表、通用表格和公式”不在《著作权法》保护范围之内。因此，图书馆对该类文献资料数字化时不存在著作权问题，可直接将其进行数字化。

对于超过著作权保护期限而进入公有领域的作品，《伯尔尼公约》为著作权保护期限确定了一般性的最低标准：作者有生之年加死亡后50年，各成员国可以规定较之更长的保护期。《伯尔尼公约》分别对电影作品、匿名或假名作品、摄影作品和实用艺术作品的保护期限做了特别规定。

中国《著作权法》规定，公民作品的财产权利保护期限为作者有生之年加死亡后50年；合作作品的保护期限为最后死亡作者的有生之年加死亡后50年；法人或非法人单位的作品和由法人或非法人单位享有财产权利的职务作品的保护期为作品首次发表后50年；电影、电视、录像和摄影作品的保护期为50年；外观实用艺术作品的保护期为25年。人身权利的保护是没有期限的，正如我国《著作权法》第二十条之规定“作者的署名权、修改权、保护作品完整权的保护期限不受限制”。对于已过保护期的图书可以在遵守作者的署名权、修改权和保护作品完整权的前提下将其进行数字化。

对于尚在著作权保护期内的作品，如果图书馆是为了保存版本和教学科研的需要将馆藏文献数字化，则可以利用下文中《著作权法》对图书馆数字化的“例外”规定。除此之外，图书馆的数字化行为都必须经过著作权人的同意并向其支付报酬，否则会侵犯著作权人的复制权。

对于尚未公开发表的文献资料，我国《著作权法》第二条规定：“中国公民、法人或者非法人单位的作品，不论是否发表，依照本法享有著作权。”并且《著作权法实施条例》第二十三条再将其细化为：“著作权自作品完成创作之日起产生，并受著作权法的保护。”

三、《著作权法》对图书馆数字化的“例外”规定

为了平衡著作权人和社会公众之间的利益，《著作权法》第二十二条列举了十二款合理使用的情况，只要符合合理使用的条件，使用人利用作品可以不经著作权人许可，不向其支付报酬，但应当指明作者的姓名、作品的名称，并且不得侵犯著作权人依照本法享有的其他权利。合理使用一般针对已发表作品的使用，其中和图书馆将馆藏作品数字化有关的条款是第六款与第八款“为学校课堂教学或科学研究，翻译或者少量复制已发表的作品，供教学或科研人员使用，但不得出版发行”，“图书馆、档案馆、纪念馆、博物馆、美术馆等为陈列或保存版本的需要，复制本馆收藏的作品”。因此，在所规定的复制目的之内，将馆藏文献数字化是不存在著作权问题的。但如果仅仅在这些限定之内数字化，那么数字图书馆的馆藏文献数字化建设将会受到很大的限制，很难实现图书馆的职能。因此，图书馆不应仅限于合理使用，而应积极探索其他的使用方式。

[案例 1]　方正数字图书馆惹纠纷

2006 年年初，清华大学教授黄延复向北京市海淀区人民法院递交了诉状，起诉北大方正电子有限公司未经允许，将自己所著的《二三十年代清华校园文化》一书在方正电子开设的数字图书馆中使用，这种行为侵犯了自己的著作权。他表示，自己从未与方正电子就此作品的使用签署过任何协议，方正电子也未取得他的许可。

同年 3 月，另一知名作者杜昌维表示，方正电子在没有与自己签署任何使用协议的情况下，就在其所经营的数字图书馆资源平台中收录了自己所著的《医院法律管理及权益维护》一书。为此，杜昌维将方正电子推上被告席。

继清华教授黄延复、杜昌维之后，2006 年 4 月，作者程汉桥以侵犯《糖尿病慢性并发症》一书著作权为由将方正电子再次告上法庭。

[案例 2]　老教授维权获赔 4 万元

由于涉嫌侵犯父子两代人的著作权，北京世纪超星信息技术发展有限公司、中科院图书馆、中科院电子学研究所等 6 家单位，一同被上海一位老教授告上法庭，索赔 17 万余元。2005 年 3 月，原告樊先生和超星公司达成和解，获得 4 万余元赔偿。

据悉，樊先生是电力专家，著有多部著作。2004 年 5 月，他在“超星”中文网的数字图书馆发现自己的《水银整流器》一书以及其他 5 篇论文，其父亲的著作也出现在该网站上。同年 8 月，樊先生向上海市第二中级人民法院提起诉讼。

法院受理此案后，对父子二人著作的侵权纠纷分别审理，樊先生和超星公司达成和解，超星公司赔偿樊先生 4 万余元。原告对中国科学院图书馆等单位的诉讼请求，法院没有给予支持。

[案例 3]　著名学者诉书生公司侵权案

2004 年年初，著名知识产权专家郑成思教授发现，北京书生数字技术有限公司未经授权将其多部作品上载于“书生之家数字图书馆”，供会员阅读。2004 年 10 月，郑成思等 7 名知识产权专家起诉书生公司，指控书生公司违反了我国《著作权法》，未经授权就在数字图书馆中擅自使用他们的作品。

法院认为，书生公司是以赢利为目的的企业，书生之家数字图书馆也并非公益性图书馆，书生之家数字图书馆对作品所做的 3 人以上不能同时在线阅读及只能拷屏下载的限制，并不构成《著作权法》意义上对作品的合理使用。因此，被告侵犯了原告对作品享有的信息网络传播权，应当停止侵权，公开向作者道歉，并判决被告赔偿 5.6 万余元。

[案例 4]　《文史英华·诸子卷》引发著作权纠纷

2007 年 9 月，北京市海淀区人民法院对两学者诉超星侵权案做出一审判决，原告刘宝才、吴锐所诉世纪超星公司侵犯二人所享有著作权的《文史英华·诸子卷》侵权事由不成立，驳回其全部诉讼请求，并承担诉讼费用及笔迹鉴定费用。

原告诉称，超星公司侵犯了两原告合著的《文史英华·诸子卷》一书的版权，并称超星公司所出示的授权书是伪造的。而北京理工大学现代远程教育学院网站所载超星数字图书馆，向网络用户提供浏览或者下载该书的服务，未获得他们的授权，被列为第二被告。

海淀法院经审查认为，授权书中的“吴锐”系吴锐本人所签，因此超星公司是在预先获得了吴锐授权的情况下，使用两位作者的作品，未超出授权范围，并未侵犯其著作权。据此，法院做出上述一审判决。

[案例 5]　法学教授诉数字图书馆侵权案

2002 年，北京大学法学院教授陈兴良认为中国数字图书馆有限责任公司侵犯了自己的著作权，将其告上法庭。

原告诉称，中国数字图书馆网站通过会员付费方式提供图书下载服务，该网站未经原告许可，擅自使用了其 3 部著作《当代中国刑法新视界》《刑法适用总论》《正当防卫论》。原告认为，这种行为侵犯了其著作权中的信息网络传播权，提出 40 万元的赔偿金额。最终，法院经过审理认为，被告侵犯了原告的信息网络传播权，赔偿其经济损失 8 万元及因诉讼支出的合理费用 4800 元。

第三节　数字图书馆知识产权政策

一、美国数字图书馆的知识产权政策

美国是图书馆事业最发达的国家，更是最先开展数字图书馆研究的，这得益于美国图书馆政策的保障。从 1895 年至今，美国颁布了多种图书馆政策，对图书馆事业和工作实施全方位的指导和规范。1993 年美国率先开始数字图书馆的研究。美国国家信息基础设施（NII）中把数字图书馆作为组成要素。1994 年，美国数字图书馆先导计划一期工程（DL-1，1994.9～1998.8）启动，主要侧重数字图书馆技术研究。数字图书馆是美国作为构建国家信息基础设施的国家级战略提出的，与其相配套的知识产权政策也同时提出。

对于数字图书馆数字化问题，美国白皮书曾建议允许图书馆以数字形式准备作品的三个复制件，并授权图书馆以保存为目的制作数字复制件。随着图书馆中 CD-ROM 及其他数字化资源的增多，图书馆的选书政策也在发生变化，妥善处理拥有与存取之间的关系是政策中的一个要点。美国出版协会则特别强调“技术措施”和“版权管理系统”的措施来保护版权作品。

对于数字图书馆网络传输中的暂时复制问题，美国白皮书则建议在立法中应明确规定，信息传播即将作品从某一终端通过网络数字信号方式发往另一终端的计算机屏幕上也构成发行，发行权是著作权人的专有权。因此，网络传输中的暂时复制问题亦应属于侵犯著作权问题。

对于数字图书馆对信息资源的开发和利用问题，美国图书馆协会（ALA）的《版权与数据库保护》和美国研究图书馆协会（ARLA）的《数字环境下版权保护的原则声明》均强调信息资源为科学与教育服务，突出强调了数字图书馆的服务功能，支持数字图书馆对信息资源的开发和利用。

对于数字图书馆域名的保护，美国依据域名保护办法。一是注册域名不需审查，而且允许一个单位注册多个域名；二是规定任何以从他人商标蕴含的商誉中牟利为目的，注册、交易或使用与他人商标相同、相似的域名，属于违法行为，需接受行政处罚；三是与商标有关的域名可能获得的保护力度是不同的。在域名领域只对具备绝对显著性的普通商标或高知名度的驰名商标提供保护，分为专用权保护和现用权保护；四是对注册并使用的域名与他人的驰名商标近似，容易造成混淆、误认的盗用类域名行为做出规定。

二、欧盟数字图书馆的知识产权政策

欧盟在给予数字信息资源特别保护的同时，不忘保证公众获取知识的自由权利。一方面，在1991年至2002年间欧盟先后通过了8个涉及数字化问题的知识产权指令，并在《数据库指令》（1996）和《协调欧盟信息社会版权与相关权指令》（2001）中突破了传统知识产权法律框架，提出“特别权”这一概念来对达不到版权保护要求的数据给予保护；另一方面，在《欧洲议会与欧盟理事会关于协调信息社会版权与相关权特定方面的指令》（2001）中，规定了“图书馆、教育机构、博物馆或档案馆等公共机构的没有直接或间接的经济或商业利益的特别复制行为”的例外或限制。

三、日本数字图书馆的知识产权政策

对于声像复制品外借问题，日本公共图书馆获得了部分法定许可权：即对实施声像著作复制品外借时，不需要得到著作权人的许可，但必须支付一定的补偿金。

对于数字图书馆网络传输中的暂时复制问题，日本在政策上则支持暂时复制作品仅保存在RAM中，未把作品在合理时间内驻留在有形物上，一旦出现故障、断电或关机等情况，显示器上的显示内容随即消失，因此不构成复制。

对于数字图书馆域名的保护，日本1999年4月1日《有关域名注册等事项之规则》主要有以下规定：一是单一域名制，即一个机构只能注册一个域名，尽可能避免域名纠纷；二是注册时实行域名申请在先原则，即按提交申请的先后处理；三是拒绝注册域名设计或包含的文字不能被现实社会所接受的域名；四是按服从并执行有法律效力裁决的原则处理与商标有关的域名。

日本对数字图书馆的资源使用给予了更加强硬的限制，在充分保护了著作权人利益的同时，给数字图书馆的运营和发展制造了障碍，同时也增加了公众获取信息资源的成本。

另外，国外数字图书馆建设的可借鉴之处还有，国外的图书馆员通常是由那些知识背景丰富，有很强的学术能力的人来担当。因此，国外的图书馆是保护知识产权的前沿阵地。“图书馆员在知识产权政策的研究中起到重要的作用。他们对版权法已有了基本的了解，并明白如何应用。而且图书馆员通常比许多大学的工作者拥有更加丰富的知识。图书馆员在发展知识产权保护中起着带头作用，他们可以从图书馆内部为度量图书馆馆员在大学中的贡献提供新环境。”

四、国内数字图书馆的知识产权政策

我国数字图书馆建设项目取得较大进展，其中影响较大的项目有中国国家图书馆于1998年7月提出并实施的“中国数字图书馆工程项目”；上海图书馆、清华大学图书馆、北京大学图书馆、中国科学院文献信息中心也先后进行了数字图书馆工程的研究开发。同国外一样，著作权保护也是我国数字图书馆建设中的重要原则。为此，中国数字图书馆工程建设方案中明确提出，通过联合出版管理部门、立法执法部门、出版单位，结合中国数字图书馆工程的建设，研究数字图书馆著作权问题的解决方案，保护著作权人的权益，单位如对原有资源进行加工，那么对加工后的资源享有著作权。

许多管理、法律及技术专家充分认识到妥善解决数字图书馆建设中面临的著作权问题的重要性，并提出一些研究重点。如“数字图书馆建设包括知识产权、存取权限、数据安全管理等问题”，“著作权问题使许多数字图书馆项目停留在原型创建阶段的一个关键问题”，“保护知识产权问题是数字图书馆资源库建设中应注意的多个问题之一”，“应明确界定数字图书馆的合理使用范围”，“建立图书馆中作品著作权许可的特定法律模式”，“数字图书馆应拥有自主知识产权”等。

国内研究者提出了一系列数字图书馆建设中应解决的著作权方面的关键性问题，如在数字图书馆建设中对于有著作权的文献资料，图书馆合理使用的范围与标准是什么，数字图书馆在进行数据库建设时是否需要著作权的再次授权等。

第六章　信息构建理论对现代图书馆学的影响

第一节　信息构建理论与图书馆学的研究现状

一、图书馆学的研究现状

当人类进入21世纪，面对信息技术的飞速发展与全球一体化的推进，学术界不管从国外的“技术说”“管理说”“社会说”到“资源说”还是国内学术界从“要素说”“交流说”到“资源说”，争论最终都达成这样一种共识：即图书馆的内核是一种信息资源体系，不管在宏观事业建设还是在微观领域，我们构建学科体系都是围绕如何建立、维护、开发好这一信息资源体系而进行的。

图书馆全面系统收藏人类知识并通过一系列知识整序、知识挖掘和传递工作为社会的发展和人自身的发展提供不竭的智力支持。因此图书馆是动态性、体系化的信息资源集合。应该注意的是，这不是一个将信息资源简单堆砌的集合体，而是一个将知识性、社会性、技术性与人文性内化为自己的本质属性的智能的信息资源集合体，将这一集合体作为图书馆学的研究对象，在目前看来应是最贴近图书馆本质的理论起点。虽然这一信息资源集合是在信息处理技术平台支撑下并与信息技术融为一体，但这只是图书馆发展到信息时代历史阶段性的表现。我们并不能将信息资源的技术外壳与信息资源集合这一研究对象做同一范畴的讨论，信息系统其核心部分是信息资源系统，信息资源系统的主体就是文献信息资源系统，即信息资源系统中稳定的可重复利用的部分，图书馆的社会功能正与这一文献信息系统相联系，是这一系统的重要组成部分。虽然情报学因其研究对象部分的隐秘性和竞争性而区别于图书馆学，但二者的研究内容仍有大量交叉。即便是现在炙手可热的竞争情报，其信息资源来源的大部分也是文献信息，只不过竞争情报更紧密结合市场的动态需求变化而已。而且经营性情报服务与图书馆进行有偿信息服务信息产品开发如出一辙。

目前学术界对图书馆学基础理论的体系分为：

（1）图书馆学基础理论[基础理论体系]：

- 图书馆学在人类科学体系结构中的地位与定位
- 图书馆在人的全面发展史的地位与功用，终生教育与人的全面发展
- 图书馆的文化社会性研究，图书馆学的社会属性、时代特征、社会职能、历史与未来
- 图书馆的科学属性、社会属性、人文属性和图书馆的时代特征
- 图书馆的历史与未来
- 图书馆学的研究对象
- 图书馆学的学科性质
- 图书馆学的学科体系
- 图书馆学的科学方法论

（2）宏观图书馆信息资源体系[应用理论体系]：

- 图书馆事业建设原理
- 图书馆失业组织管理体系
- 图书馆写作的理论与实践
- 图书馆学教育

（3）微观图书馆信息资源体系建设与服务[业务工作体系]：

- 信息采集
  - 用户信息需求分析
  - 信源分析
    - 获取型
    - 拥有型
  - 个体图书馆信息资源体系特征分析
- 信息组织
  - 分类编目
  - 典藏整理
- 信息流通
  - 借阅服务
  - 宣传推广
  - 咨询检索
- 信息深加工
  - 信息产品开发
  - 信息服务研究

（4）用户研究：

- 用户分析
  - 用户类型特征
  - 用户信息需求与信息行为的特征与规律
  - 用户反馈研究
  - 用户行为调研
- 用户培训
  - 图书馆学教育
  - 信息检索知识培训
  - 基本信息技术培训
  - 科学普及专题讲座

图书馆学是综合的应用性交叉学科，作为图书馆学研究对象的信息资源体系和图书馆事业，其运动形式有社学研究的学术使命。理论图书馆学的基本任务，是建立图书馆学完整的理论体系，21 世纪理论图书馆学研究应从宏观和微观两方面着手；另外，在对其微观研究中，王知津等以网络信息组织继承和发展传统信息组织的方法为切入点，从四个方面论述了网络信息组织对传统信息组织的借鉴，这四个方面包括用体系分类法完善信息资源分类体系；用分面分类法改进网络信息组织；用分类主题一体化改造网络信息组织；建立一套科学的网络信息分类体系。这方面的研究还有以下一些研究成果：《网络信息的分布式组织模式——数字图书馆》、王心裁等的《当前数字图书馆信息组织中存在的问题》、王辉的《关于知识组织与信息组织》等。

近几年，以周晓英为代表将构建理论应用于图书馆学中，在理论上取得了一定进展，并应用于实际网络的建设中，来促进图书馆学情报学的发展。如周晓英的《基于信息理解的信息构建》一书，《信息构建对情报学的影响》《信息构建理论在网络信息中的应用》等论文。

二、IA 在国外的研究状况

（一）IA 的基本概念

IA 一词的创建者沃尔曼先生认为：“IA 是建设信息结构让其他人理解。”他用建筑学的隐喻来描述自己作为信息建筑师的工作：“我将信息建筑师看作是生成系统的、结构化的、有序的原则的人，他们让事物工作起来，让人造物品、思想、政策因其具有清晰性而能起到告知的作用。”

按照信息构建研究会的定义 IA，“是共享的信息环境的设计；是组织和标识网站、内联网、联机交流和软件以保证其可用性和可找到性的艺术和科学；是一个致力于对数字园区的设计和建设的、正在出现的实践领域”。

美国信息科学技术学会 2000 年 IA 峰会提出的定义是：“信息构建是信息组织，帮助人们有效地实现其信息需取得的艺术和科学。”

基于可理解的理念以及可理解含义所蕴含的艺术构思，就目前国内IA的研究和应用我们做以下几方面的思考。对于IA这个词语的翻译国内有很多种，诸如："信息空间构建""信息建筑学"等。周晓英教授根据IA的一个基本含义是"信息结构的建设"，把IA翻译为信息构建现在已经被普遍接受和被广泛应用。笔者认为随着IA研究的进一步深入，对翻译为信息构建还有商榷之处。在朗文当代高级英语辞典和新华字典的解释中可以很清楚地看出所蕴含的某些部分并没有全部体现出来，对于体系、结构、架构和设计是完全准确的，但对于风格、建筑学本身所蕴含的艺术性表达还不是很完整，显得不是十分生动和准确。对于发展中的研究和认识，IA也应该是一个发展的不断变化的概念。

(二)IA在国外的研究现状

1.沃尔曼先生的著作和活动

沃尔曼先生研究成果丰富，包括有约80项各种书籍和项目成果，其中与IA理论探讨密切相关的、影响最大的著作是《信息饥渴：信息选取、表达与透析》和《信息建筑师》。

《信息饥渴：信息选取、表达与透析》一书主要回答的问题是：什么是信息时代的信息焦虑？如何在信息海洋里遨游？如何与人进行高效率的信息交流？什么是倾听的技术？如何拥有良好的理解力？如何发展自己的兴趣？如何成为有魅力的领导者？如何排除失败恐惧感？如何正确地看待提问？什么是指挥的艺术？如何设计自己的生活？如何构建信息网络？

《信息建筑师》一书强调规划信息以使人们能便捷地找到所需信息的一些规则。在该书中沃尔曼使用了五项规则，用于指导信息建筑师实现以"化复杂为明晰"和"使信息可理解"为重点的信息构建目标。这五项规则由马克·菲谢蒂在网站上总结为：规则1，人们容易理解那些与自己已经理解的事物相关的事物；规则2，组织信息的方式只有五种，即按位置、按时间、按类别、按字母、按层次等组织信息；规则3，显示信息要清晰，不要只是美观；规则4，根据自己真正要知道的东西来确定值得保留的信息；规则5，大多数信息是无用的，要勇于放弃无用的信息。

沃尔曼认为："信息建筑师是一种把数据的内在模式加以组织，使复杂的事情变得清晰的人们。他们构建信息结构或信息地图，让别人找到通往知识的途径。信息建筑师是21世纪正在出现的职业，该职业的生成合乎新时代的需要，信息建筑师关注内容明晰化、人的理解和信息组织的科学问题。"

2.美国信息科学技术学会的前五次峰会

信息构建在世纪之交受到情报学界的广泛关注，从2000年开始，已经连续多年举办了以 IA 为主题的峰会。以下是已经举行的前五届 IA 峰会的简单介绍。

2000 年峰会：定义信息构建。

2001 年峰会：从事信息构建。

2003 年峰会：建立连接。

2004 年峰会：开辟新天地。

2005 年峰会：跨越学科边界。

美国信息科学技术学会于 2000 年成立了 IA 特别兴趣组，会议的研究内容从对 IA 的基本含义的认识开始，逐步深入对 IA 的实践和 IA 的技能和实际应用的研究，反映出了图书馆情报界对 IA 的热情。

3.核心网站和研究资源

通过搜索引擎可以查到成千上万的相关网站和网页，而且返回结果的数量总是在不断增加。目前已经有 IA 的核心网站，内容涉及 IA 的活动、研究、教育、培训、求职等内容，可以使感兴趣的人了解很多 IA 理论和实践发展的情况，比较著名的网站有：

IA 协会和 IA 研究中心：WWW.argus-aCia.com

美国信息科学技术学会的网站：www.Asis.com

信息构建研究会：www.Ama.org

沃尔曼先生的个人主页：www.wurman.com

这些网站上还列举了丰富的 IA 资源，涉及 IA 的方方面面。一些学术组织正在讲授包括情报科学、图书馆学和图形设计在内的 IA 课程，全部专门化的 IA 课程正在出现，学位授予的学术程序正在进行中。

4,.IA 的教育

由于社会对信息建筑师的需求旺盛，教育界已经开始了对相关职业的培训。高等学院的 IA 学位培训主要设立在图书情报学院，也有设立在艺术专业、设计专业、界面设计专业、计算机专业学院的。

美国高等院校提供的 IA 相关的硕士学位主要可以分为以下五种类型。

设计硕士，侧重于以人为中心的产品和通信设计方法。

情报学硕士，侧重于人机交互专业或者 IA 专业。

交互设计与 IA 硕士，侧重于交互设计和信息体系结构方面。

信息与沟通艺术硕士，侧重于从管理和沟通方面解决 IA 技术问题。

IA 和知识管理硕士，有的侧重于知识管理，有的侧重于信息构建，有的侧重于信息处理。

IA 的高等教育正在全面发展之中，教育的目标旨在培养能成为信息设计师或信息建筑师的人才，这种人才将负责在宏观和微观层次上规划产品结构，在多个层面上定义和描述信息关系和导航模式。对信息建筑师的教育很可能成为未来图书馆学、情报学或计算机界面设计等专业教育培养人才的主要方向之一。

5.美国信息科学技术学会会刊 IA 专集

美国信息科学技术学会会刊于 2002 年末出版了 IA 专集，这份从 2000 年的 IA 峰会后就开始筹备的专集刊登了由高等院校图书情报专业、管理信息系统专业、城市与公共事务专业、谈话和语言治疗研究专业以及网络公司的学者撰写的多篇 IA 论文。

6.美国信息构建研究会成立

2002 年 11 月成立信息构建研究会(AIFIA)，致力于促进共享的信息环境设计，提高社会成员的设计和建立更好的信息系统和知识网络方面的水平，组织成员由 IA 的各个国家的成员组成，意图是为人们在无序的、混乱的信息海洋中提供避难所。

7.国外研究现状总结

目前 IA 研究处于初级阶段或者说利于突破前的阶段，主要解决的还是 IA 最基本的知识和普及问题。

对网络信息的构建比较关注，但比较忽视一般意义的信息构建。而在日常生活中存在的多层信息空间，都可以应用信息内容的设计和构建知识进行理论指导。

对操作层面上的信息构建比较关注，在一定程度上忽略了信息构建的一些基本的、实质性的问题。目前的研究主要集中在信息构建的具体方法和措施上，对其理论、原理的总结和进行理论提升还有待时日。

对信息构建问题在图书馆学中的地位及影响问题，以及如何从图书馆学的角度看 IA 的问题较少涉及。虽然美国信息科学技术学会已召开了五次主题会议，但互联网上的大量 IA 资源以及上述主要的 IA 研究资源中，只有较少的内容专门论述两者关系，而较深入地对两者之间的关系进行研究的就更少。

三、IA 在国内的研究状况

目前我国学术界认为 IA 的一个基本含义是“信息结构的建设”，将它译为“信息构建”较为贴切。国内的学习界特别是在图书情报领域，基本上都在使用“信息构建”这种译法。

2001 年底在湖北襄樊召开的“新世纪情报学学科建设、发展与应用研讨会”上，有两篇论文是有关 IA 研究的，这是我国学术界首次提出 IA 问题，但仍对很多问题还没有达成一致意见。

2002 年 9 月在云南昆明召开了中国科学技术情报学会第十六届全国计算机信息管理学术研讨会，主题为“面向企业知识服务的信息基础结构”。这次会议也有意识地将信息构建作为大会研讨内容的重要主题之一。其中有不少直接研究 IA 问题的文章，也有一些 IA 相关问题的文章。

2003 年 10 月在南京理工大学联合召开了“信息构建(IA)与情报学理论方法的新发展”学术研讨会。这次会议达到了推进我国信息构建研究和图书情报学理论与教育发展的目的。会议对信息构建以及本体论、信息哲学等问题的研究在先前的研究成果的基础上做了较大的推进。这次会议标志着我国学者的 IA 研究从引进阶段开始进入 IA 的深度研究和升华阶段。

(一)IA 对图书馆学的影响

一方面，IA 提供了一种新的构建信息空间的方法学和图景，引入了诸如“信息理解”等新的理论，阐述了设计一个有效的信息管理架构所必需的理论、原则、指导方针、标准和约定；另一方面，IA 又很重视系统的微观设计方面，为信息空间构建(特别是网站设计和建设)提供了很具体的指导方法。IA 为图书馆学情报学理论创新提供了一个新的起点，或者说是新的可能性和机遇，并试图建立一个新的理论框架。

沃尔曼先生将 IA 的准则表述为“使信息可被理解”和“按表达预定意图的方式传递信息”，这恰好就是图书馆学要解决的核心问题，IA 借鉴了其基本原理和方法，并凭借其源于建筑学的独特优势带来了重要突破，IA 将在知识映射、认知检索、知识服务等方面对图书馆学的研究起到推动作用。

两者存在很多的共性，但信息构建不等同于图书馆学，信息构建只是给其发展与建设提供了新的思路，提出了一些新的研究课题，激发图书情报工作者创新思维的热情。把学问看作一门艺术，这对其发展极具启发意义。

(二)IA 理论与体系构筑

我国图书情报界对于 IA 的概念、内涵以及应用范围的认识尚未取得一致的意见，有的从网站信息构建或设计的角度来研究 IA，有的从信息体系构筑或设计的角度来研究 IA。在我们进行科技信息服务保障体系的发展研究时，不妨把 IA 理论拿来一用，并且要结合复杂系统工程的理论和方法，不能只研究网站信息的构建而忽视信息体系的构建。

(三)信息集合的信息构建

信息构建的对象不仅仅是网站，而应该是所有的信息集合。如果我们从信息构建对信息所做的处理和人们对 IA 的需要来看，众多的信息片段聚集在一起，形成了信息集合，当我们需要从复杂的、巨量的信息集合中有效地提取信息时，我们就需要调动人的智能去组织信息内容，精心设计信息结构，建造一个优化的信息空间，让信息变得清晰、易理解、易获取和易使用。因此，任意的信息集合的有效利用都存在着对 IA 的理论和方法的需要。

(四)网站可用性与网站评价问题

在对可用性测试方法与信息构建的关系进行了研究后，探索了可用性测试方法的基本内容和具体测试过程，认为 IA 可以是可用性研究的一个子集，而可用性研究也可以是 IA 的一个子集，二者各有侧重。

探讨了评价 Web 站点信息体系结构的理由、目的及实现方式等问题，构建了一套基于 IA 基本内容的 IA 评价指标体系，并对我国四大数据库网站的 IA 进行了应用性考察和分析评价。

(五)IA 的教育问题

从信息构建的基本概念入手，探讨了信息建筑师应该具备的基本技能和工作内容，分析了美国大学开展信息构建教育的现状，分析了国外几所大学的 IA 专业大纲、IA 课程设置情况，并提出了针对我国信息管理院系开展信息构建教育的几点意见。

总体来说，目前国内学者已经从对国外 IA 理论与实践的学习和翻译、引进阶段开始进入自主研究和对 IA 的深化研究阶段，有关注学科前沿的学者开始追踪 IA 的研究进展，国内情报学的核心期刊开始刊登有关 IA 的论文，一些博士生完成了以此为研究方向的博士论文。表明将来以 IA 为主题的研究内容也会成为国内图书馆学研究的新热点。

四、IA 的核心思想

(一)信息构建的构成要素

IA 的核心是组织系统、标识系统、导航系统和检索系统，是 IA 构成要素中的显性要素，组织系统决定如何将信息分组，如按主题或年代分类。网站的信息组织就是根据网站内容的属性、受众对象和其他特征，将网站的信息分门别类地列出，并按照一定体系系统地组织起来的一种手段；标识系统决定表示信息；导航系统决定如何在信息集合中游历和浏览信息；检索系统决定搜寻想要的信息，如执行检索式与系统索引的匹配。用户只与其中的一部分直接交互，而其他部分却隐藏在屏幕后面，使用户意识不到它们的存在。其隐性要素就是用户体验和可用性。基于用户体验和可用性的 IA 流程是目标规划、用户分析、设计建模、原型测试四个阶段。

在信息时代，用户的信息满足包括获取和使用的满足两个方面，满足用户的信息需求是 IA 的基本目的，引导人们从信息通向知识是信息构建的最高目标，用户对信息的理解是用户吸收和利用信息的前提和重要的环节。因此，IA 的核心内容包括由浅入深的两个层面，一是“使信息可访问”，二是“使信息可理解”。

(二)信息构建的特点

首先，它是一个新兴的信息科学专业领域和实践活动，是综合了 Web 设计、图书馆与信息科学、建筑学、人机交互、可用性工程、经验设计、认知心理学、人类文化学等多学科的一门交叉学科。其次，IA 非常强调可用性和可视化。它利用可用性工程的方法，结合可视化设计，在决定用户是否能够容易地寻找所需信息方面起着重要作用。再次，强调以用户为中心，把网站用户作为网站设计的出发点和落脚点，从用户的观点来考察网站的内容组织与界面设计，重视用户在网站使用中的真实体验。最后，通过利用智能技术，如场景分析、内容组织、需求分析、可用性研究、元数据应用和组织规划等，构造一个便于定位、理解、导航和使用的信息界面或信息系统。

信息构建强调如何令信息可理解，实际上体现了一种“以人为本”的理念，人的信息需求都在发生变化。正如 Wurman 所说，“过去我曾认为，只要能够以适当的形式获取信息，一切就都万事大吉了。但是，随着通信社会的到来，每个人需要的信息具有各不相同的层次，并且他们都喜欢利用不同的方式得到这些信息。其中有些人喜欢得到口头的解释，有些人喜欢阅读，另外一些人则喜欢根据样例学习”。而 IA 关注这些变化，关注人的要求，无论是针对信息空间环境的结构化设计，还是针对信息内容的设计，IA 的根本目的只有一个：便于用户获取、接受和使用信息。另外，从学科上看，IA 除了包括有信息学、图形设计、计算机科学、建筑学、图书馆学等技术性学科外，还融入了生态学、人种学、管理学等人文学科。这些学科经过良好的融合共同支撑起 IA 大厦。

信息表达是信息构建的重要内容，同时也是决定信息集合能够被用户理解的关键因素。沃尔曼先生将信息的表达看作是信息建筑师工作的基本元素，他在书中说：“我们并不会发明信息，而是在它走过的时候允许展示它自己。信息的这种劣游行应该得到鼓励，这样我们就可以找到各种非凡的全新组织模式，并且激发出新的思想和理解力。”

信息构建的过程就是为信息集合生成一个合理的信息结构，并在特定的信息空间中展示这种信息结构。在确定了信息内容和组织好信息内容、建立信息结构的导航系统后，信息构建过程的下一步就需要考虑这些对象元素如何在信息空间中显示和展示出来，需要根据信息内容的属性、用户的属性、可用元素等确定信息的表达方式，需要借助信息反馈，还需要借助于艺术的手段，组织信息的显示方式，让其易于阅读和看起来令人愉快，即在功能和艺术上实现表达、展示信息的目的。

(三)信息建筑师

从事信息架构的设计和构建的专业人士被称作信息建筑师。换句话说，信息建筑师负责设计信息系统(如网站或内部网)的导航、检索、标记和组织系统，以帮助人们成功地管理和使用信息。在整个信息构建的规划、设计和实施过程中，信息建筑师起着主导作用。信息建筑师规划和创建Web网站的整体信息结构，使图形设计人员、程序员、撰稿人、制作人员以及其他人员能够开发和维护网站。

(四)信息构建的目的

信息构建的根本目的是为了满足用户对信息的获取和使用，在可操作层面上，IA包含了两个层次：一是化复杂为明晰，即通过提供信息提供访问路径，使信息可访问；二是使信息可理解，即用户找到信息后要与信息内容进行“交互”，也就是用户的知识结构与信息内容之间进行匹配。

在国内，研究的升温将对图书馆学基础理论研究和实践应用具有较大的影响。考察IA的方法和思维模式可以从不同的角度帮助我们认识图书馆学的实质，促进其基础理论研究的发展；同时在实际应用上可以拓宽我们的视野，辅助图书情报工作者把理论很好的应用到实际工作中去。我们同时也应密切注意国际IA研究的新动向，有区别地加以引用以更好地促进适应我国社会发展、科技进步自身国情需要的图书馆学的健康发展。

第二节　信息构建与现代图书馆学

信息技术的应用推动图书馆实践产生了重大变革，使得图书馆学的基础理论也发生了一些变化。在数字化信息日益增长、网络化程度日益提高的今天，图书馆的要素、法则、基本矛盾、属性、社会职能以及图书馆学的研究对象、学科性质都有重新审视的必要。

一、信息构建与现代图书馆学的关系

信息构建的核心问题虽然是信息的获取、组织、设计、表达，但它并不能完全纳入图书馆学研究体系中去。信息构建对传统图书馆学发展提出了许多挑战，目前对二者的关系研究是：

(一)图书馆学与信息构建是包含与被包含关系

周晓英认为：

（1）从信息构建的定义看。众多信息构建的定义中出现了这样一些关键词语：建设信息结构；组织信息；设计共享的信息环境结构；帮助人们实现信息需求；描述信息空间设计、

执行和评价过程；生成信息系统；指定信息类型的范畴、为信息元素确定关系；处理信息集合等。分析这些关键词语可以发现，这些内容与以信息的获取、组织、加工、传递、服务为对象的图书馆学、信息管理学科的内容有较大的交叉性。

（2）从信息构建的研究重点看。信息构建的研究重点在于：信息组织、信息标识、信息导航和搜索系统的设计，词典设计和元数据，方便用户查找和使用信息。分析这些研究内容可以发现，这些内容一直就是传统的图书馆学的核心研究内容。

（3）从信息构建的研究队伍看。创作了信息构建最早的系统性理论的经典著作《万维网的信息构建》一书的作者是图书情报专业硕士；从信息构建的研究队伍看，图书情报学学术界已经在自觉地担当起推动 IA 研究和实践发展的重任。

（4）从信息建筑师的背景要求看。调查结果表明，尽管不是所有的信息建筑师都强调具备图书馆学、信息管理、信息系统、情报学方面的知识背景，但不少人认为这些背景知识对信息建筑师而言是必要的。

（5）从专业学术团体的活动看。我国情报学界举行了多次有关 IA 的专门会议。IA 研究活动的规模、反响和频繁程度在国际和国内都呈现令人关注的态势。从以上种种迹象中得出的符合逻辑的推断是：IA 与图书馆学情报学关系非常密切，它已经成为图书情报学界研究的新热点。

（6）从信息构建的原理和目标看。将两个学科目标进行对照，可以发现之间的相似性，它们共享着核心的知识：组织信息、生成内容管理的策略以及为用户提供高效率的信息内容的入口。因此从信息构建的原理和目标看，信息构建的本质仍然是要解决采集信息、序化信息、表达信息和传递信息的问题。

（7）信息构建是一项涉及众多研究领域的实践活动，具有很强的学科集成特性，IA 需要借助于更多跨学科的手段，需要将其他学科的已有知识嵌入 IA 的过程中，才能实现最终的目标。信息构建所涉及的很多学科内容和方法本身并不是图书馆学的内容(如图形设计)；很多内容和方法也是图书馆学在过去的发展历史中所不曾研究过或者很少注意过的(如信息展示)，但这并不妨碍信息构建本质上具有图书馆学的学科特点。信息构建的提出与发展也向图书馆学提出了挑战，图书馆员很早就理解和实践着沃尔曼先生称之为“信息构建”的原理，然而，他的新颖、创新和艺术地展示 IA 思想的方法仍然应该受到欢迎和值得图书情报专业人员的研究。

(二)信息构建(IA)是图书馆学的组成部分

刘兰多认为 IA 与图书馆学是包含与被包含关系，即信息>知识>图书馆学>信息构建。

(三)相互影响，交叉关系

也有人认为图书馆学与信息构建是互相影响的平行关系。

(四)引用关系

吴娱认为信息构建的概念和应用随着因特网的发展而迅速扩展，研究者们开始将建筑学、生态学、人文学、经济学以及系统工程的视角、理念与方法等引入网络信息组织的研究与实践中。

基于以上研究笔者认为信息构建理论是21世纪图书馆学研究的一个新热点，应纳入图书馆学研究的范围之内。

二、现代图书馆学理论研究引入IA的必要性

信息技术的发展推动了图书馆学的理论研究方法和内容不断创新，图书馆学理论研究发展也要求：

加强对其他学科方法的引进。图书馆学方法论体系是一个开放的系统，应随着图书馆事业的发展，不断丰富和完善，不断地解决新问题，提出新方法和新理论，以指导图书馆工作实践，这既是图书馆学方法论的目的和任务，也是构建科学的图书馆学方法体系的迫切需要。在图书馆学方法论研究中，应提倡方法的移植。方法的移植绝不等于将科学研究的一般方法或其他学科的方法照搬过来，再贴上“图书馆”标签，方法的移植需要找到原方法的思想与图书馆领域的结合点。

加强计算机技术、网络技术与图书馆方法论的融合。当前数字图书馆正处在边实践、边研究的阶段，作为新兴领域迫切要求科学方法论的指导。现在计算机技术和网络技术的飞速发展，图书馆事业正在经历着前所未有的发展良机，方法论研究正好可利用此契机，加紧与计算机、网络技术的融合，找出构建方法的理论与图书馆工作实际的结合点，尽快走出徘徊不前的困境，促进自身更大的发展。

目前信息构建理论对信息组织和信息表达的应用，已成为图书馆情报学研究的一大趋势。如周晓英从信息构建的七个方面论述了其对图书馆学理论研究的关联性。

三、信息构建理论带给现代图书馆学的启示

IA信息构建的主要优势是以为实现满足不同需求的信息请求为唯一目的，重视的是用户视角，从用户视角出发，将图书情报工作视为一种服务，按照服务经济的规律，研究信息用户的不同需求，有针对性地提供公共服务和个性化服务。由此衍生出信息用户研究、信息市场研究、信息服务研究等课题。对图书学研究的启示应从以下几方面来探讨。

（一）信息服务的出发点

传统的信息服务以为用户包办为主，典型的方式是定题跟踪服务、定题服务，代替用户查找信息。其实，对于大多数图书情报服务人员来讲，很难完全代替用户（尤其是专业科研人员），这个过程有点勉为其难，用户也很少愿意采用这种委托方式，这种服务并没有取得很好的效果而被广泛认同。IA 以构建信息路径，帮助用户接近信息、成功利用信息为出发点，提供合理科学的资源空间并辅助用户自己查找所需，在实践中的应用得到用户的广泛认同。

（二）图书馆学的研究范围

信息构建（IA）是综合的研究领域，涉及的相关学科和内容有信息组织、信息检索、建筑设计、界面设计、人机交互等内容，拓宽了图书馆学的传统研究范围，开阔了研究人员的视野，给图书馆学注入了新鲜的血液，使图书馆学焕发了新的生命力。

（三）信息组织的方法

以前的信息组织以文献信息为核心，按照文献信息的运动规律进行信息组织，对用户与信息的交互界面很少考虑，即使信息量很大，信息质量很高，对于用户来讲，自己动手检索也是可望而不可即的事，必须求助于情报人员，这样一来，信息的利用相对很麻烦，利用率就低。IA 强调以用户为中心，信息组织以帮助人们发现和管理信息为目的，不但要获得和掌握好信息内容，将信息组织好，更要优化信息结构设计，提供清晰的易于信息获得的界面。

（四）对工作人员的启发

在边缘学科频频兴起、多门学科交叉渗透的今天，要涉及一些相关的学科，可以借鉴其他学科的方式方法来为自己服务。所以图书情报界同仁应像沃尔曼一样，走出去，深入实际、深入用户，换位思考，提出自己独特的想法和看法，才能有所发现，有所创造。

（五）对专业教育的启示

以往的图书馆学教育是象牙塔里的教育，只是理想状态下的理论上的讲学生毕业后成为专业情报服务人员，在实际工作中遵循着课堂讲授的方式，以信息组织为重点，以信息服务（替用户查找）为主要手段。IA 提出的以用户为中心、实事求是的做法以及它在实践中的成功应用提醒我们，图书馆学教育中是否也应该对学科设置、研究重点进行调整，拓宽学科范围，增加相关领域和相关知识。

（六）对图书馆学研究观念与理念的启示

要以创新思维的态度去看待问题。“科学的本质是创新”，没有创新就谈不上科学研究。创新就要根据实际情况，提出自己独特的想法和看法，敢于科学地标新立异；只有突破此瓶颈，创新思维才有立足之地。

(七)信息构建是图书馆学实现其基本目标和任务的新途径

图书馆学的基本任务和目标是研究存储、利用知识、信息的组织和有序化，并提供有效的利用。图书馆学基础理论和研究方法、研究内容范围也不断拓展，来自于其他学科领域的理论和方法也被注入各个时期的图书馆学研究之中。

(八)促进图书馆学由系统观向认知观的转变

国外图书情报学者们曾引入美国科学哲学家托马斯•库恩的“范式”的概念，探讨图书馆学研究中存在的范式。萨拉塞维克和米克沙认为，图书馆科学正在从系统观向认知观转移。图书馆学情报学的系统观关心信息存储运动过程的反馈与控制，认知观强调知识结构、人机交互、信息查询、人类信息行为、信息的利用和接收等问题，以设计支持和改善人们的信息处理、信息吸收和信息利用过程的信息系统为目的。基于信息理解的信息构建活动的各个阶段，都体现出其面向用户的、促进用户的认知和理解的思想，信息构建的原理、原则、方法和所要达到的目标，也体现了其以人为本的基本理念。信息构建的全面发展和完善，通过其对图书馆学的影响，会促进和推动图书馆科学向认知范式的转变。

IA的引入将突破传统的用户研究的思维框架。要对信息用户重新加以认识，图书馆学应努力推进用户研究在更广泛的范围内开展起来，研究用户在各种不同的信息环境中的信息获取、吸收和利用特征，努力做到提高人的认知级次，促进知识的获得和理解。关注信息创建者、信息以及用户三方的互动和交互信息组织过程中充分考虑用户的思维逻辑。

(九)信息构建对图书馆学提出的几个新要求

信息构建不仅能对图书馆学理论体系的发展产生影响，而且它的出现和存在本身已经给图书馆学研究提出了新的要求，迫使我们以新的视角审视信息、信息组织、信息传播和信息服务问题。如保证信息的可理解性。将信息传播过程看作是一个未完成的过程，我们必须把传播信息的过程看作是一个未完成的过程，即如果没有用户感知其中的信息、领悟其中的内容、理解和利用其中的信息，信息的传播过程就没有完成。增强创建有用信息的能力。信息技术的发展极大地提高了传输原始信号的能力，使社会信息传输量达到了前所未有的地步，但是很多人混淆了传输信息能力与建立有益信息能力之间的界限，以为只要拥有大量的信息便可以做出正确的判断和决策。还要重视信息的展示方式等。

(十)开展多学科协同研究

IA是图书馆学学科范围内继竞争情报、知识管理等研究领域之后出现的又一个需要多学科知识才能胜任实践要求的领域。近年来，图书馆学界的一个趋势是跨学科研究。图书馆学的研究对象越来越广泛，必须从多个学科和多个视角来研究它，才能丰富图书馆学的理论与实践。跨学科的研究方式给图书馆学的发展带来严峻的考验，如何有效开展跨学科的研究及培养跨学科的图书馆学人才？图书馆学是沿学科领域为中心的教育模式发展还是沿解决实际的信息问题为中心的教育模式发展？这些问题是当前图书馆学学科建设和人才培养需要解决的重大课题。

第三节 信息构建理论对现代图书馆学的影响

我们对信息构建的研究不应只停留在理论上，而应注重对各个实践领域的探索，图书馆Web站点将是信息构建应用的最佳领域，希望同行们能够关注这一领域，为图书馆Web站点的信息组织提供有益的建议，从而优化图书馆Web站点的信息结构和信息空间，完善图书馆Web站点的信息服务环境。

一、IA与现代图书馆学相互影响

IA给图书馆学研究带来了新的活力，表现在以下两点：

（1）工作方式上，IA强调以用户为中心的方法。他们的工作中贯穿着对用户的研究。在实践中图书馆并不以用户为中心，经常不能从用户的角度去理解他们的信息需求，而首先考虑图书馆量的发展，片面追求馆藏数，忽视利用率，导致使图书馆用户满意度低下。此后我们图书馆学的研究可借鉴IA的用户研究手段、方法，研究读者心理，发展数字化参考咨询服务。

（2）IA特别强调，用户经验与信息交流。随着图像图形使用界面的到来，尤其是互联网改变人们获取和使用信息的方式，而传统图书馆学强调的是按照信息的哪些基本的组织方法，科学组织信息并提供给用户，未曾考虑信息与用户交互的界面。IA强调信息交互界面与用户经验，使图书馆情报工作人员拓展了眼界，认识到对信息组织与提供不是一门机械性、重复性劳动，而更应富有艺术性、智慧性与创造性。

同时，图书馆学对IA的应用也有一定的影响。IA与图书馆学之间的信息流是一个双向的交流，两边都必须积极输入与输出知识。图书馆学同时也对IA的发展给予了坚实的保障，体现在两个方面：

（1）深层信息构造。受控词典、字典、元数据等，对于这些主题的研究在图书馆学界已有了较为丰富的研究成果，IA可以借用这些成果充实自己，更好地在新的数字化环境中去运用它们。

（2）传统和标准。因为图书馆学研究的传统与标准能够创造出更长远稳固的信息系统的核心模型，所以信息建筑师们开始发展那些较少可任意处理的方法，停止使用随性的方法。

目前基于信息理解信息构建理论对于图书馆学中信息提供的 Web 网站影响最大，研究最多，并取得了一些理论上的成果，一部分成果已应用于建设网站的实践过程当中，即对于网络信息资源的信息组织及信息表达、利用等的实际应用。因此，本书将对信息构建理论与图书馆学中图书馆 Web 网站建设的信息组织、信息表达及整合利用方面进行初步探讨，并涉及其他几方面对图书馆学研究发展的影响。

(一)信息构建与图书馆 Web 网络信息组织的比较分析

1. 适用对象

信息构建适用于任意的信息集合，而网络信息组织一般是面向网络信息的。信息构建适用于任何信息集合，如传统的书籍、报纸、地图等。这简单地表明了这样一种思想：哪里有信息，哪里就有信息构建。因此，对于网络信息集合的信息组织，信息构建也同样适用。目前在网站的实践建设中，IA 的大批量和得到一定的推崇和使用，并积累了较丰富的经验。

信息构建活动主体是“信息建筑师”。而且前网络信息组织主体的构成大体上包括：专业图书情报工作者和网站设计人员。信息建筑师是对学习和实践中的知识、指令、特定事件或事态的内容，数据与事实的内容，以及数据与事实的构造进行设计和监督的人。在 Web 设计中，信息建筑师是指帮助开发程序和规划的人。信息建筑师绘制网站的整个结构图，组织各个页面的位置，开发出一个具有功能性的和直观的计划用以帮助用户。

从事网络信息组织的专业图书情报工作人员，特别是图书管理员，他们有系统的信息的专业管理理论知识，有丰富的信息组织经验，在组织网络信息方面有得天独厚的优势。“数字图书馆”这一主要的网络信息组织形式，目前主要就是由这部分人员在做。但这部分人员组织的信息多为学术性的，却忽略了网络上新出现的其他形式信息的组织。网站设计人员正是对这部分信息进行组织，虽然他们欠缺专业的信息组织形式，但他们自创的信息分类法更符合不同年龄结构和不同层次的网民的需求。信息建筑师的工作更为宏观。网络环境下的信息建筑师并不具体实施网络信息组织，他们为信息的序化、信息结构的形成和界面的设计提供整体的方案。他们是整个网站的设计师，但他们要与网站的技术人员相互配合共同来完成网站的信息构建。信息建筑师的工作重心在“取”和信息的表达。而信息组织人员工作重心是组织结构，重点在于信息的“存”和信息的收集与整理。

2. 信息组织的方法

沃尔曼（Wurman）认为，信息组织的方式是有限的，总也超不出位置、顺序、时间、类别或层次这几种。这些模式几乎适用于所有情况，从个人文件夹到跨国公司无一例外。就是“LATCH”组织模式，即位置、字母顺序、时间、类别、层次。所有构建注重对这些方法的综合使用，注重对用户易于使用的简单方法的使用。在以微观层次的网络信息组织方法的研究中，多数只考虑分类法和主题法，一般包括两个方面：一方面是传统文献分类法和主题法在网络环境下的应用与发展，另一方面是网络自创分类法的研究和几乎所有搜索引擎都在使用的、简单灵活的“关键词法”。目前网络自创分类法多为按主题分类，而对其他分类方式却很少研究。

“LATCH”中的时序法、地序法、字顺法等都是生活中也比较常见的，一般比较简单、易操作，这些方法我们平时也常用到。网络信息组织还是比较侧重传统分类法和主题法使用，但由于网络的普及，人们通常是直接到网络上查找信息，而不是像传统的图书馆那样有工作人员的协助。因此应该倾向于选择广大用户容易掌握和使用的组织方法。信息构建中的“LATCH”模式正是出于这样的考虑把简单易用的方法提到重要的位置。在组织网络信息时，应该吸收“LATCH”中各种方法的精华，以利于信息用户对信息的查找和使用。

3.信息构建的主要活动是信息的组织、结构的建设和系统的设计

网络信息组织的主要活动是运用各种工具和方法，对网络信息进行加工、整理、排列、组合，使之有序化、系统化和规律化，也就是对信息的组织。实际上，经过组织的信息都会形成一定的结构和系统。但关键是，这种结构和系统是否有利于整个信息集合的维护和使用。因此说网络信息组织只是信息构建活动的一部分。网络信息组织关注的只是信息的有序，注重形成完整、系统的有序信息集合。而信息构建在此基础上注重结构的建设，注重构建更有利于用户理解和使用的信息结构以及表达这些结构。信息构建是在更为广阔的环境中考虑网络信息组织。有序并不是网络信息组织的终结，建设利于各种用户使用的信息结构也应纳入网络信息组织的活动范围。

4.信息构建中的人包括信息建筑师、客户和最终用户

在信息构建中考虑的人的因素就是这三者。而在网络信息组织中没有“信息建筑师”这一角色，整个系统是信息组织人员与信息用户的交往。其中的人的因素就包括信息组织人员和信息用户。信息构建中的客户是雇佣信息建筑师进行信息构建的人，也就是信息的发源者；用户是信息构建最终的消费者，也就是信息需求者。客房和用户的因素都是信息构建的考虑范围。信息建筑师是联系客户与最终用户的中介。虽然网络信息组织的最终目标是为了满足信息用户的信息需求，但很显然信息组织人员并没有对信息用户投入足够的重视，他们考虑最多的还是网络信息本身以及他们自身对信息管理(如存储、检索)的需要。

5.信息构建与网络信息组织的根本目的具有一致性，都是为了用户获取和利用，为了满足用户的信息需求

满足用户的信息需求也是整个图书馆学情报学的宗旨。图书情报学的根本目标和任务就在于为开发利用信息资源、满足社会日益增长的信息需求提供理论指导。但是，关于如何实现这一最终目的，信息构建与网络信息组织有一定差别。信息构建在可操作层面上的现实目标。网络信息组织所强调的是要形成有序的信息系统，它将信息的有序性和系统性作为满足用户需求的有力保证。实践证明，信息组织仅仅达到有序性和系统性还不足以实现这一目标，而信息构建强调的让信息变得清晰、可理解却为这一目标的实现提供了新的思路和新的方向。

比较分析得出：

（1）信息构建适用于所有信息集合，图书馆 Web 站点信息资源集合网络的复杂环境更需要信息构建。

（2）信息构建的主体是信息建筑师，与信息资源组织人员相比，他们的工作更为宏观，与用户的联系也更多。

（3）从信息组织的方法看，信息构建所关注的方法更利于信息用户的理解和利用，而网络信息应组织采用的方法则多从信息管理人员的角度来考虑的。所以，网络信息组织应多融入便于用户使用的简单的方法。

（4）信息构建的活动包括了信息组织，网络信息组织是网络信息构建的一部分。

（5）信息构建更为人们关注人的因素在整个活动过程中作用。

（6）信息构建与网络信息组织的最终目的是一致的，都是为了满足用户的信息需求。但在如何实现这一目的上，二者的侧重有所不同：信息构建侧重于信息的清晰和可理解，网络信息组织则侧重于信息的系统性和有序性。

(二)信息构建理论初步应用现状

从信息源的收集、组织整理方面看，IA 目前已经提出了一整套的针对万维网的信息组织整理方法，其中一些原理、措施和方法是我们过去未曾注意到或者没有加以展开研究的领域。从信息的传递交流方面看，IA 重视信息结构的生成，强调信息的表达和信息的呈现，它将用户的信息理解吸收过程放到信息传递的方式上加以考虑，而不是如同过去我们通常所想的那样，在传递信息时只需考虑根据需求的不同提供不同的信息，信息的传递过程在信息产品生成后交给用户就基本结束了。从信息服务方面看，IA 特别强调提供给用户的信息的清晰化和可理解的问题。过去情报服务者提供给用户的信息质量的好坏从来不以信息是否清

晰和可理解为衡量标准，比如我们按照检索语言对信息内容进行标引，要求用户按照相对应的检索语言去查找他们所需要的信息，只要用户能准确定位信息，我们的信息提供就是成功的。

所以，完全可以将信息构建的理论与图书馆Web站点的信息资源组织结合起来，用信息构建的理论和方法来指导图书馆Web站点的信息资源组织和信息表达。

二、数字图书馆Web站点信息构建的设计与实践

数字图书馆作为利用数字技术获取、存贮、检索信息资源的概念，更能准确地描述未来图书馆的发展形态。其特征是资源的数字化、网络传递、交互式存取和分布式管理，必然要求建设功能齐全的现代化的图书馆Web网站。就目前图书馆发展现状来说，还处在数字化图书馆的建设阶段。随着图书馆Web站点资源的不断累积，图书馆Web站点的信息资源组织愈发困难。图书馆Web站点的信息种类繁多、特征多样、信息异质、分布广泛，加之万维网的超文体、超链接等特点，形成了Web站点复杂的信息空间，要想在仅十多英寸的屏幕上集成这么多信息着实不易。

(一)我国图书馆Web站点的信息构建的实践分析

在对几个基本上反映了我国图书馆Web站点信息构建的最高水平的各类型图书馆Web站点的组织系统、导航系统、标识系统、检索系统进行分析，发现存在很多缺陷。

1.组织系统分类不合理

有些图书馆Web站点的信息组织分类杂乱无章，缺乏逻辑，各分类之间存在交叠情况。深圳图书馆的主目录共有十个类，且各类目之间有明显的交叠，如“读者查询”“电子剪报”“通借通还”应归入“服务内容”项目中；“新馆建设”应归入“本馆概况”类目中。

2.导航系统的缺陷

（1）导航元素不齐备。导航元素包括导航条、下拉菜单、面包屑导航、站点地图等。这些元素组成了一个高效的Web站点的导航体系，导航元素的缺乏会导致导航功能的欠缺。而国外的大多数图书馆Web站点都提供面包屑导航和站点地图等导航元素。

（2）导航可用性差。导航的主要功能就是引导用户找到所需信息，如果经过层层链接最终得不到用户想要的信息，将有损用户对网站的信任。如深圳图书馆友情链接中的“中国企业知识仓库”为死链，清华大学图书馆的学科网络资源导航为死链。

（3）网络资源导航缺乏统一规划。目前我国图书馆Web站点除了各大学图书馆分配了重点学科导航库的建设任务外，其他各图书馆都是各自为政，随心所欲，对网络资源导航缺乏统一规划与协调，这势必造成重复建设，一方面不能集中对某些网络资源进行组织建设，另一方面造成时间与资金的极大浪费。

3.标识系统不明确

有的图书馆Web站点的分类标签不明确，没有任何提示和介绍，用户很难了解标签的具体含义和内容。如很多图书馆对各数据库标签没有解释，只有清华大学图书馆对各类数据库标签提供释义，但很多简介都为空。

4.检索系统的缺陷

（1）检索资源不全面。大多数图书馆只能查询馆藏目录，不能检索其他类资源。

（2）检索方法单一。大多数图书馆只提供布尔检索，未提供截词检索和替代检索。

（3）检索功能不完善。有些图书馆不支持二次检索，不能查看检索历史等。

（4）检索等待时间过长。有的图书馆检索速度极慢，用户等待检索结果缺乏耐心。

（5）个性化检索服务欠缺。大多数图书馆未能提供方便用户检索和知识维护的个性化检索服务。

(6)缺乏一体化整合检索。多数图书馆虽然提供了整合检索平台，但整合资源不全面，尚未实现如SFX那样从二次文献到全文、文摘到文摘、全文到全文的链接。

(二)图书馆Web站点信息构建的设计

图书馆Web站点的设计应以用户需求为终极目标，重视用户的真实体验，将可用性研究、用户体验等智能技术同现代信息技术结合起来，设计组织系统、导航系统、标识系统和检索系统，使图书馆Web站点成为一个可定位、理解、导航和使用的信息空间。

1.组织系统的设计

组织系统主要是给信息分类和确定组织结构。下面主要从三方面探讨组织系统的设计。

（1）内容的逻辑性、独立性和先后顺序。在对信息内容进行组织时，要保证信息的内容具有逻辑性、独立性和先后顺序。如果内容组织结构清晰，符合逻辑和人们的日常习惯，用户自然而然就愿意读下去；由于浏览者访问信息的随机性，不能假定浏览者按照一定的顺序浏览页面，也许用户最先进入的并不是网站的主页，所以必须保证每一页面的内容都是独立和完整的，相关的页面可通过链接将它们联系起来；除了内容组织的逻辑性、独立胜外，还必须注意内容的先后顺序。一般来说，总是将最新的、最重要的放在前面和易于访问的页面，旧的和次要的放在后面。

（2）等级结构的深度和广度。目录的层级称为深度，分类信息块的条目称为广度。根据认知心理学理论，人在短期记忆中只能同时把握4～7条分立的信息。因此，一个重要的原则，就是通过图形设计与规划，将信息划分为各个独立的单位，使用户在短期记忆中必须记住的内容减到最少。米列尔（G.Miller）建议人在短期记忆限制下的等级结构的广度为7±2，即应在7～9之间。等级结构的深度应保持在两到三层，层次过深会让用户感到厌倦。

（3）主目录的位置设计。主页顶部30平方英寸构成Web站点的可见部分，更多的用户使用17～19英寸的显示器浏览Web站点，所以，垂直方向4～5英寸对所有用户都是可见的。主目录的位置应在这个可视范围内，以确保用户不使用滚动按钮就能看到主要信息内容。关于主目录的位置设计，有关测试结果表明，左手边目录比右手边目录执行速度更快。

2.导航系统的设计

用户通过超文本链接浏览信息实际上是一种非线性的跳跃式检索，当用户在超链接中频繁跳转时就很容易迷失方向，因此，导航系统的设计至关重要。导航系统的设计应围绕导航的可用性、可理解，导航的完备性以及其他原则等方面进行。

（1）导航的可用性、可理解。导航的可用性是指导航系统所标识的文字或超链接是可访问的，而不是死链接，因此，要经常维护导航系统的可用性；可理解是指导航系统所标识指引的明确性、通用性，它不能是含糊的，且要考虑用户的体验。

（2）导航的完备性。导航的完备性包括导航元素的完备性和导航系统的完备性。导航元素包括导航条、面包屑导航、站点地图、“返回”、“首页”等一些超链接标识；导航系统分为整体导航、局部导航和语境导航等。这些是图书馆Web站点应具备的，缺少任何元素或系统都可能会影响导航的功能。

（3）导航系统应遵循的其他原则。易于学习；导航贯穿在整个站点中；提供反馈；尽量用最少的链接到下一个信息节点；使用清晰、可理解的标签；使每个链接与其他链接不同；将导航分成逻辑单元；避免用户利用滚动条到达重要的导航和提交按钮；使浏览器的后退按钮可用。

3.标识系统的设计

标识系统是将信息单元和导航链作为标识对象，应使用术语、分类词语和通用词语等规范化的标识词语。标识系统的设计应遵循标识的完备性与合理性、标识的有效性、标识的一致性等原则。

（1）标识的完备性与合理性。网页的标题、分类的名称等都是应标识的内容，标识的名称叫标签，标签分文本标签和图标型标签两种格式，文本标签包括标题标签、导航标签、链接标签等，每种标签的作用和特点各不相同，因此要根据不同的情况使用不同的标签，并且要搭配合理。

（2）标识的有效性。标识系统应考虑用户的语言偏好和使用习惯，使某个特定标签有效地表达标签所代表的含义。由于同一标签在不同的情况下代表不同的信息，对某些标签应配以简短的文字对其进行范围描述和界定，使用户正确理解标签内容。

（3）标识的一致性。相同的内容应使用相同的标签。如果有的页面用“首页”作链接标签，而有的页面则用“返回首页”作链接标签，就会使用户产生疑惑。

4.检索系统的设计

检索系统的设计主要考虑三方面的问题，即检索的有效性、灵活性和统一性。

（1）检索的有效性。即检索结果的查全率、查准率及相关度。

（2）检索的灵活性。检索系统应提供多种检索入口，不同的检索方式，允许用户进行个性化检索定制，能够为用户提供进阶检索的方法和手段，帮助用户对检索结果进行再利用并从检索结果的分类、排序和整合等方面来改善检索效果。

（3）检索的统一性。检索系统应具有提供统一的检索界面，整合多种资源的检索系统。我国的图书馆 Web 站点大多处于基于平台的整合检索这一发展阶段，但检索资源非常有限，而国外已经利用软件技术实现了基于知识的一体化整合检索。较有代表性的是 Exlibris 公司的 SFX 技术框架，它能够将不同来源和不同通信协议的信息资源完全融合，实现异构信息资源的无缝链接。它不仅能完成从二次文献到全文的链接，也能实现从文摘到文摘、全文到全文的链接，使图书馆 Web 站点的资源形成了一个完全融合的整体。

三、信息构建与图书馆个性化服务

引入信息构建理论，创新用户信息导航系统，注重接近用户的信息组织方式、注重艺术科学的信息展示方式，使复杂的信息变得清晰和易于理解，提高用户的满意度，是图书馆个性化信息服务今后发展的一条新颖、有效的道路。

(一)图书馆个性化信息服务的内涵

所谓个性化信息服务，是指“能够满足用户的个体信息需求的一种服务，即根据用户提出的明确要求提供信息服务，或通过对用户个性、使用习惯的分析而主动地向用户提供其可能需要的信息服务”，图书馆个性化信息服务是相对于图书馆群体服务而言的，是传统图书馆定题服务、重点读者服务在网络环境下的深化。它是指在网络环境下，读者可以借用数字技术提供的一系列工具来构建个人馆藏，以满足读者特定的需求。提高检索效率的服务一般包括三个层次的服务：首先是信息咨询，这是最基本的参考咨询，即按照读者要求，为读者提供信息馆藏，定制 Web 页面，实施查询代理服务；其次是不仅要为读者搜寻特定的信息，指引文献源或提供文献全文，而且还要根据读者的要求和馆员的见解对所查信息进行编辑或提炼，从而增加信息咨询的信息含量；再次就是方案咨询服务，即对所查到的信息进行智力加工，通过分析比较，不仅为读者提炼出所需信息，还要根据读者的需求，将提炼出的信息形成一个或多个方案给读者，使读者能直接将信息的潜在价值转化为现实效益。因此，个性化信息服务的根本就是尊重用户，研究用户的行为和习惯，为用户选择更重要、更合适的信息资源，提供有特色的服务。它既是一种培养个性、引导需求的服务，也是“以用户为中心”服务理念的基本体现。

(二)我国图书馆个性化信息服务的现状

目前支持图书馆个性化信息服务所需的各项技术已经基本成熟，我国图书馆个性化信息服务也出现了一些新的形式和手段，并产生了一定的积极社会影响。但是与发达国家相比，还存在着明显的不足，主要表现在以下几个方面。

（1）服务对象不够广泛。随着网络的普及和发展，图书馆信息服务用户的范围将不再局限于本地区、本单位，读者类型的结构将更加复杂，读者的地理分布也更为广泛。然而许多图书馆都将个性化服务系统的用户定位为一些学术研究者或是文化水平较高的读者，而不是普通的信息用户，所以系统的服务对象就受到了较大的限制。而个性化服务注重的就是以人为本，最大限度地满足用户的信息需求，若是限制个性化信息服务系统的服务对象，那就不能满足许多读者最基本的信息需求，这样势必会影响到图书馆的读者满意度。

（2）服务理念创新性不足。随着信息技术的快速发展，网络信息服务彻底改变了图书馆的管理理念，把图书馆从一个文献收藏地转变为一个信息资源的利用者、生产者和提供者。然而，在目前已经开展个性化信息服务的图书馆中，其所提供的服务只是一些代查代检、预约、催还图书等传统工作。即使是主动推送服务，也仅局限于新书推送，仍属传统服务范畴，并不是知识型服务。这些个性化服务并未被赋予信息时代的特征，很难长期吸引读者。再者，大多数图书馆没有把市场运作机制引入个性化服务，不重视对个性化服务工作的推广，长此以往，势必会影响到个性化信息服务的可持续发展。

（3）相关理论与实践未能紧密结合。当前对于个性化信息服务基本概念及其理论研究已达到了一定深度，而在理论指导下的技术应用仍然存在着一些不足之处。首先，这些理论研究仍偏重于宏观方面，真正与具体应用紧密结合的较少，没有很好地落实到图书馆工作中去，这就导致理论研究缺乏一定的力度。如目前图书馆引进的各类数据库，都必须使用各自的全文浏览器，而目前资源整合技术的研究和应用还未能产生明显的实际效果，给读者造成了诸多不便。其次，一些介绍个性化服务的理论成果未能结合我国图书馆的实际情况进行研究，即理论与具体的国情馆情相脱离。对于图书馆开展个性化信息服务而言，难以起到具体的指导作用。

(三)信息构建理论与个性化信息服务

信息构建对个性化信息服务的借鉴意义。随着数字图书馆建设的迅速发展，图书馆网站的规模也在日益扩大，网站的信息量及其复杂度迅速上升，因此网站建设必须从整体进行信息空间构建设计，如提高网站框架的合理性、导航标识的明确性、检索系统的易用性和亲近性等，使图书馆信息空间有序化，从而方便读者对信息资源的查找与利用。这样才能提高图书馆个性化信息服务的满意度以及读者对图书馆的忠诚度。

信息构建与个性化信息服务的联系。信息构建的概念有广义和狭义之分，广义的信息构建是指如何组织信息以帮助人们有效地实现信息资源与信息需求相匹配的一门艺术和科学。狭义的信息构建是指网站的信息构建，在用户需求分析的基础上组织网站信息内容，其目的是帮助用户更准确地找到相关的信息。信息构建关注用户感受，体现以人为本的宗旨，以改善信息浏览、信息检索和数据交换为目的。它“让用户在心情舒畅地了解自己所用的信息产品的同时，也得到艺术的享受和熏陶”。在信息泛滥而获取信息又较少的两难背景下，信息构建给用户构筑了一条光明的道路。

图书馆个性化信息服务满足了“读者第一”的服务理念，读者满意是其出发点，主动服务是其基本模式，比较注重双向沟通。通过建立面向读者的个性化服务机制以及与读者的互动沟通，设计出读者所期望的个性化信息服务模型，既可实现读者当前的、明确的需求，也能满足读者长远的、潜在的信息需求。

可见，信息构建与图书馆个性化信息服务联系紧密，它们都是以读者为中心，以满足读者个性化需求为目标，都力求将信息组织好，优化信息结构设计，通过一个清晰的、友好的、易于获得信息的界面来向读者展示信息内容。

1. 信息构建对个性化信息服务的启示

（1）要重新认识信息用户。随着网络时代的来临，读者可以不必亲临图书馆，只要遵循一定的协议便可在任何场所便利地获取信息，打破了信息利用的时空限制。而且读者类型的结构也更加复杂，不仅包括一些学术研究者和文化水平较高的读者，也包括一些普通的信息用户。因此图书馆在提供个性化信息服务时，既要满足读者的个性化需求，也要顾及大多数读者的普遍要求。在此基础上，图书馆还应考虑读者接收信息的过程以及吸收信息的效果。信息构建理念中的艺术和展示是强调考虑用户的感受，其中的界面是强调信息的可视、可读、可理解。图书馆个性化信息服务应该借鉴这些思想，不仅要关注信息内容是否传递出去，还要关心读者的所视、所想、所感，争取最大限度地提高读者的满意度。

（2）要以创新的思维来提供服务。信息构建理念由一个建筑大师提出来本身就是一个创新，没有创新就不会有发展。个性化信息服务强调的就是特色，在边缘学科频频兴起、多门学科交叉渗透的今天，图书馆应该借鉴其他学科的方式方法来为自己服务，树立主动、开放和资源共建共享的服务理念，善于观察思考，善于利用极为丰富的社会化网络信息资源和众多的搜索传递手段，敢于联想和科学地标新立异，并根据各馆的实际情况开展创新性的活动，向读者提供价值更高的增值信息服务。

（3）要理论联系实际。图书馆在借鉴新理论或是向国外同行吸取成功经验时，应认真做好比较研究工作，要结合国情与具体的馆情进行研究。只有做好理论的研究、消化工作，才能促进实践工作的开展。同时，图书馆也应开展个性化信息服务的配套工作的研究，如信息资源的个性化、工作人员的个性化、工作流程的个性化等，进而全面地把握整个个性化服务体系。

总之，图书馆员要坚守“读者第一”的原则，不能只是凭借平时与读者接触所获取的零散的感性认识来判断读者的需求，对不同的读者要用不同的组织方式和方法，对其信息需求特点进行脚踏实地的调查。根据每位读者的实际情况，对信息结构进行优化设计，要用各种易于理解、清晰表达且设计优雅的界面让读者享用信息服务。

2. 二者相结合的理论模型

由于信息构建和个性化服务二者都是以人为本，都是以用户为中心，所以可以互相补充，相互渗透。它们相结合的理论模型如下图所示。

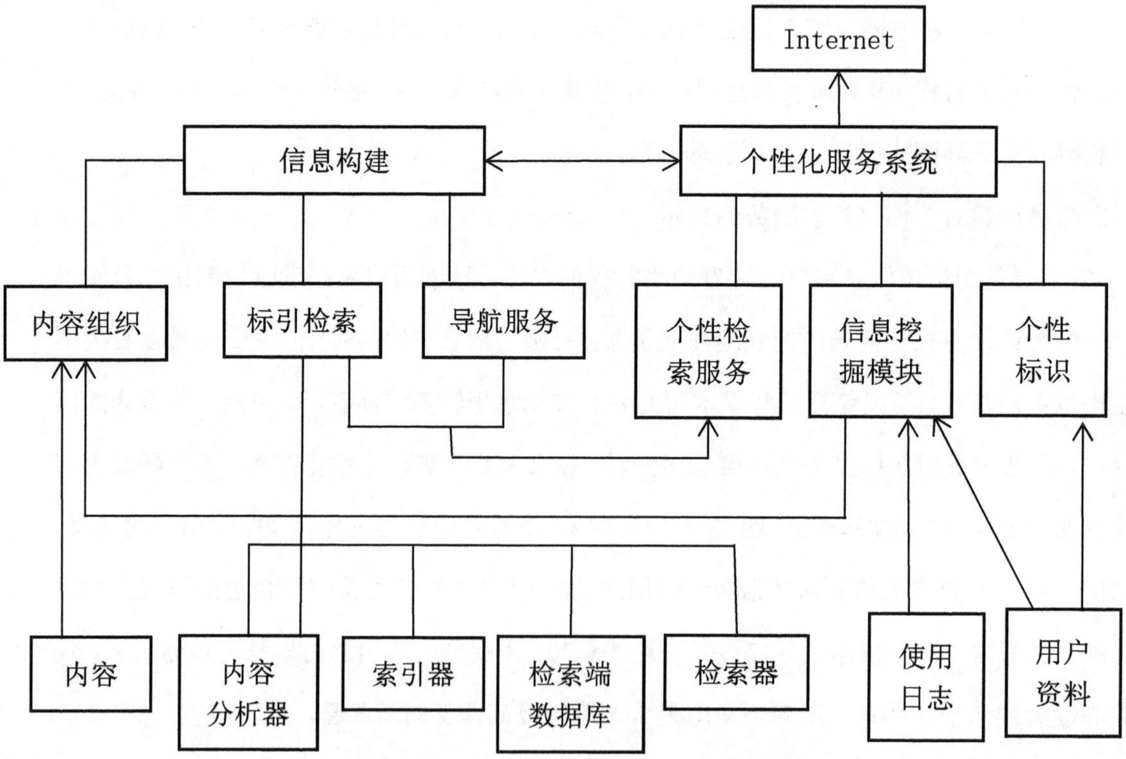

信息构建和个性化服务相结合的理论模型图

整个模型分为三层，左右分为两个部分，即信息构建和个性化服务系统。

在个性化服务系统中，个性标识是读者登陆图书馆个性化服务网页时所使用的独特标识，它的主要作用是保证信息的可视化和可理解性。不同的读者对同样的事物可能使用不同的表达，所以这些标识一般由读者自定义。同时，系统根据读者在线注册或是其他方式搜集到的读者资料，以及服务器上有关读者的使用日志，利用数据挖掘等技术识别出读者网上的行为模式，进而找出个性化系统与读者组织之间的关系，最终更好地实现个性化检索服务的可用性。

信息构建的四个系统 IA 的外在表现相互关联。其中内容组织系统主要是对个性化服务网站内容的分类，便于用户检索和利用信息。导航系统主要是帮助读者浏览和查找相关信息，通过站点地图或是导航条等帮助读者浏览内容，其实质就是指引读者在访问网站时所给出的标识系统，保证了信息的可访问性。由于个性化服务系统的日益扩大，读者不可能通过导航系统逐一查找自己所需信息，标引检索系统就是在内容组织系统基础上对网站内容进行标引和检索，主要包括内容分析器、索引器、检索端数据库和检索器四个部分。内容分析器根据内容组织系统中的数据对服务网站上的信息进行分析，从中提取与读者个性化检索相关的信息，并按照一定的算法对其进行标引。索引器对这些已分析标引好的信息进行全面整理，并建立相应的索引，为读者的个性化检索做准备。检索端数据库用于保存一切与读者检索相关的数据信息。检索器用于响应读者的检索请求，将网页中与读者需求相关的信息按照一定的顺序展现给读者。

同时，信息构建和个性化服务系统这两者之间也是相互关联的。信息构建为个性化服务系统提供全局的信息空间，是个性化服务系统的基础。个性化服务系统又基于数据挖掘等技术，对读者资料和使用日志进行分析，将读者的个性标识和行为模式识别出来，为信息构建中的内容组织系统提供读者的个性化资料，从而有助于个性化服务系统网页的设计。随之，信息构建中的导航系统和标引检索系统又为读者寻找相关信息提供服务，从而满足读者的个性化检索需求。可见，二者是互相渗透、相辅相成的整体。

因研究能力所及，涉及的对其他几个方面的影响简述如下：

构建理论的应用与信息技术日益密切结合使当前图书馆学发展产生了新的特征。图书馆学研究的革新与发展，历来受信息技术的影响较大；现代信息技术与图书情报理论紧密结合创造了交叉发展的学科优势：在网络知识空间里，技术(IT)和内容(Content)逐步走向融合。

更新和拓展了图书馆学研究的范畴，进一步丰富了图书馆学的研究内容。IA 继承和发展了图书馆学，继承了图书馆学的传统理论、观念、方法、技术和应用，同时也对这些内容进行了深化、拓展和改革，促使图书馆学研究范畴处于不断更新和拓展之中，并要求从用户视角、多元化视角、知识视角、技术视角、事业视角和管理视角把握图书馆研究的新趋向。

图书馆学的发展为IA的应用提供了更广阔的实践基础，图书馆的研究与应用为IA介入图书馆学研究提供了实践的空间和条件。图书情报工作可以被认为是从事知识的收集、存储、组织、控制、传递、发掘和创新的服务过程，它的传统形态可以在网络知识空间里得以虚拟实现。随着网上出版成为可能，用户直接通过网络连接文献源，使得桌面存取成为可能。网上丰富的数字化信息资源既扩大了信息渠道，又给信息的查全和查准带来困难。图书情报界逐渐认识到，如果说20世纪80年代出现的关于信息资源管理(IRM)的研究中，还过于强调对技术、设备、系统、人力资源、财务等资源的管理，图书情报界的声音过于微弱。

挑战传统的信息管理人才培养和专业教育模式。从IA目前的主要应用领域——网站建设来看，大型网站的信息构建需要包括信息建筑师在内的许多人才，包括程序设计员、图形设计师、图书情报专业人员、项目管理者等人，其知识结构发生了较大变化。

包含在信息构建中的不同的主题决定了它必然是一个跨学科的领域。图书馆学情报学信息组织、网站开发、资料管理和数据库设计领域，图形设计的规划、设计、关系的建立，计算机科学中的管理信息系统，通信和修辞学中的交流和沟通，市场学中的网站市场交流工具的建立，这些领域都与信息构建密切相关。因此，如果高等院校要为具有巨大社会需求市场的信息构建活动培养信息建筑师，那么可能会根据资源和技术的能力，而将IA设立在图书情报学院、计算机学院、商业学院、图形设计学院中的任一个学院，但不管将IA设立在哪个专业，对信息建筑师的教育和培训必须是跨学科的知识教育和技能培训。

信息建筑师与图书馆员的联系。信息建筑师最终要完成信息的获取、组织、设计、表达工作，这与我们图书馆的职业类似，具有可比性。根据2001年国外的一个调查统计，在西方国家部分信息建筑师有着图书馆员的背景。这两个领域界限模糊，许多有经验的信息建筑师常问自己："信息建筑师是否和图书馆员是一种职业，只是进入了数字化环境中而换了一个构架性的名称？"同样，和信息建筑师有过接触的图书馆员们也会经常想："怎么样自己才不是一个信息建筑师，我们之间的区别到底在哪？"因为两者有着同样的工作任务，所以这样的问题很难得到满意的回答。就两者的最高任务来说，都要寻求通过信息资源来满足用户需求。两者都要承担通过组织信息和分类实现有效收集和使用信息的职责，但是二者也是有显著区别的。

基于IA理论的信息资源网站评价问题。随着互联网的飞速发展，各类网站如雨后春笋般大量涌现，但无论从内容上还是视觉效果上来看，网站质量千差万别，网站经营者需要知道网站的成功与不足之处，找到改进的方法；用户需要了解如何寻找最好的网站，以获得最好的服务和最大的价值。为此，必须采用合适的标准和方法对网站进行评估，这种现实社会需求促使网站评价的研究和实践活动蓬勃发展起来。网站可用性与网站评价问题。要研究可用性测试方法与信息构建的关系，探索可用性测试方法的基本内容和具体测试过程，IA 可以是可用性研究的一个子集，而可用性研究也可以是 IA 的一个子集，二者各有侧重。且要探讨评价 Web 站点信息体系结构的理由、目的及实现方式问题，及构建一套基于 IA 基本内容的 IA 评价指标体系，并不断对我国 4 大数据库网站的 IA 进行应用性考察和分析评价。

第七章　数字图书馆学的构建研究

第一节　数字图书馆概述

一、数字图书馆的发展阶段划分与基本特征

19 世纪 80 年代，数字图书馆开始崭露头角，到现在，已经产生了三代数字图书馆，并且特征显著。

（一）数字图书馆的发展阶段划分

第一代数字图书馆在 19 世纪 80 年代末到 20 世纪初存在并发展，它基于数字资源，对特定的文献资源数字化，从而形成并产生一个个数据库或资源库，通过互联网提供服务。它是传统图书馆的组成部分，是一个一个相对独立的系统。20 世纪初期产生的第二代数字图书馆代替了第一代数字图书馆，基于集成服务，致力于支持分散的不同数字信息系统间的无障碍交换和信息资源的共享和服务。数字信息资源逐渐代替文献数字化，构造一个集成的信息资源的服务机制。21 世纪初期产生了面向用户的第三代数字图书馆，围绕用户的信息需求来组织、集成数字信息资源和信息服务，以用户为中心，从用户利用信息的角度，提高用户的信息能力和知识创新能力。第二代和第三代数字图书馆目前并存发展，共同提供服务。

（二）数字图书馆的基本特征

随着数字图书馆的发展，其特征也越来越明显。

1. 完善智能的信息资源管理系统

数字图书馆要建设能够提供完整信息资源的信息资源管理系统。数字图书馆在保证文献资源的内容完整性的前提下，还要提供在线的编目信息和文献信息的特征。数字图书馆的信息资源管理系统能够确保信息来源的可靠性和安全性，信息的完整性、准确性，而且越来越智能化，使用户能够放心使用，图书馆也就成为信息服务的中心机构。

2. 大量丰富的信息资源

现如今的图书馆已经不只保存纸质类文献信息，随着网络技术和计算机技术的发展，图书馆也开始为用户提供丰富多彩而又具备特色的数字化信息资源，能够方便快捷地为用户提供丰富多彩又独具特色的数字化信息资源。信息资源将从最初的仅以馆藏为主体的模式向以数字信息资源为主体的模式发展。因此数字图书馆的一个重要特点就是大量的纷繁复杂的信息资源。

3.信息资源数字化

图书馆信息资源数字化就是利用数字处理技术，将其馆藏文献资料的所有信息资源全部进行数字化的处理，使它的收藏对象全部转化为数字资料。使用数字存储器、数字处理、数据等数字手段和工具，管理所收藏的信息资料，能够更加快速、准确地为用户提供服务。最终的趋势是全部信息数字化。

4.信息传递网络化和远程化

图书馆的信息传递已经不是单纯的用户直接在图书馆内进行文献的借还，而是通过计算机技术实现了信息传递的网络化和远程化，用户可以不直接到图书馆，而进行跨馆、跨地区的文献传递。信息传递网络化和远程化实现了不同地区和不同国家的图书馆的相互联系，实现了信息资源的共享，让读者摆脱了时间和空间的束缚。

5.信息服务现代化和全球化

大数据时代带来的纷繁复杂的网络信息资源，迫切地需要我们对其进行加工、整理和开发利用，以实现现代化和全球化的信息服务需求。通过信息网络提供实用的、通用的检索工具，建立功能强大的、便于使用的各类型数据库，使图书馆成为真正意义上的信息服务中心。

二、数字图书馆在国内外的建设

较早的数字图书馆建设是1971年提出的古登堡项目(Project Gutenberg)。1993年，美国的国家科学基金会、国防部高级研计划署和国家航空航天署联合发起了著名的“数字图书馆先导项目”(Digital Library Initiative)，之后其他国家纷纷提出数字图书馆项目。数字图书馆成为图书情报和计算机等信息科学领域的研究热点。我国1994年首次介绍数字图书馆这一概念，随后有了诸多对国外数字图书馆项目的介绍。1997年7月，“中国试验型数字式图书馆项目”的实施标志着中国开始朝着建设数字图书馆的方向迈进。随后数字图书馆项目在国内陆续发展起来，在20多年的发展过程中，其研究领域及探求热点也历经了不同时期的不同变化。国外的数字图书馆在使用方面的突出特点是为教学服务。据有关资料统计，到2007年为止，在中国开设有图书馆学专业的高校有40所，其中27所高校开设了数字图书馆的相关课程。在美国一半以上的高校开设了数字图书馆课程，硕士研究生阶段开设的课程最多，只有少量的课程开设在本科和博士研究生阶段。

（一）国外的数字图书馆建设

数字图书馆的建设最早开始于美国。1982年，美国国会图书馆打开了建设数字图书馆的大门，提出了光盘试验项目。美国图书馆学界对数字图书馆研究的正式开始是在1992年，“国家级挑战(National Challenge)”项目中列入了推动数字图书馆项目。随后，越来越多的科学研究组织开始将目光放在数字图书馆上，数字图书馆建设也得到了资金上的充分支持。除了美国的各类图书馆参与数字图书馆的建设，美国的一些大公司，如 IBM 公司，也积极地投身于数字图书馆的建设，利用其先进的计算机技术和网络信息技术作为基本的基础支持，连续两年推出了 AIX 平台的数字图书馆方案和适应 NT 平台的 Digital Library Version 2。

日本和英国先后在 20 世纪 80 年代和 90 年代以电子图书馆为原型开始逐步建设数字图书馆。日本由国家投资 4 亿多美元，开启“关系图书馆计划”。英国的国家图书馆不列颠图书馆参与数字图书馆的建设，一些大学还与 IBM 公司合作，使本校师生能通过校园网方便地使用所需要的学习资料。

1997 年，加拿大的国家图书馆开始建设数字图书馆。同年秋天，加拿大的 50 多家图书馆联合成立了本国的数字图书馆联盟。

法国的数字图书馆建设主要是针对国家图书馆的馆藏数字化，同时还积极参加欧洲多个国家共同合作的“欧洲电子图书馆图像服务”计划。

1996 年，德国开始了数字图书馆的建设，成为欧洲图书馆联盟的会员国之一，同其他会员国一起合作试验数字图书馆在全球网络环境下的信息服务。

1994 年，新加坡政府提出“图书馆发展计划”，计划把本国所有的公共图书馆和几乎全部的学术与专业数据库组织起来，建立一个“无边界电子图书馆网络”。

1995 年，澳大利亚政府投入 1000 万澳元对本国的图书馆进行全面的数字化。

国际上对数字图书馆的重视程度很高，不但投入大量的资金作为支持，而且创新出更多适用于数字图书馆的新技术。不论是什么类型的图书馆当中，数字图书馆都很普及，利用率也很高。这些都是值得我们学习和借鉴的。

（二）国内的数字图书馆建设

20 世纪 90 年代中期，我国的数字图书馆研究逐渐步入正轨，我国数字图书馆建设开始的标志是“中国数字图书馆发展战略研究软课题”以及与数字图书馆相关的各项科研项目的成立研究。我们虽然起步晚，但是我们进步快。近年来，我国信息基础设施的建设逐步完善，加快了建设我国数字图书馆的脚步。随着全球数字化时代的袭来，我国紧紧跟随着世界先进科学技术前进的脚步，努力建设和积极开发各类型数字图书馆项目。2000 年，中国数字图书馆的重点工作内容是国家级数字资源系统工程的开发，它是运用现代高新技术进行数字资源的加工、数字资源的存储、数字资源的检索、数字资源的传输和数字资源的利用的全过程，是国家信息化建设关注的重要内容，是知识经济的重要载体，是一项跨越地区、部门和行业的宏大的民族文化工程。

1997 年 8 月，万方数据资源系统在因特网上开始对外服务。

1998 年 11 月，正式启动了中国高等教育文献保障体系(CALIS)，这是我国高等教育发展的基础设施建设的成果。在网络连接状态下的实时联机合作编目在我国首次实现。

1999 年 6 月，正式启动了中国知识基础设施工程，简称 CNKI，已成为世界上最大的期刊文献数据库。

2000 年 6 月，成立了一个虚拟式的科技信息资源机构——“国家科技图书文献中心”。

国内的数字图书馆虽然起步较晚，但自从国内的学界认识到数字图书馆的重要性之后，我们就加大了对数字图书馆的建设力度。数字图书馆的数量越来越多，质量也越来越高，但和先进国家的数字图书馆相比较，我们还有很大的进步空间。

第二节　数字图书馆学的构建路径

随着数字图书馆研究的逐步深入，数字图书馆受到了越来越多人的关注和重视，对数字图书馆的理论研究、技术研究、服务对象等各方面的研究日渐成熟。对数字图书馆来说，已经具备了理论基础和技术条件，仅仅需要引入数字图书馆学这个学科概念来建立一套规范的学科体系。符合科学的基本条件，是构建数字图书馆学概念的首要基础。因为学科的建立离不开科学。学科的规律取决于科学本身的规律，学科走向的基础是科学的发展。学科的发展滞后于科学，即先有了科学的研究发展，才有了学科的研究建立。本文认为，数字图书馆学构建主要有两条路径，分别是以数字图书馆为现实原型的构建路径和以数学的算法和软件工具为基础的构建路径（图 7-1）。

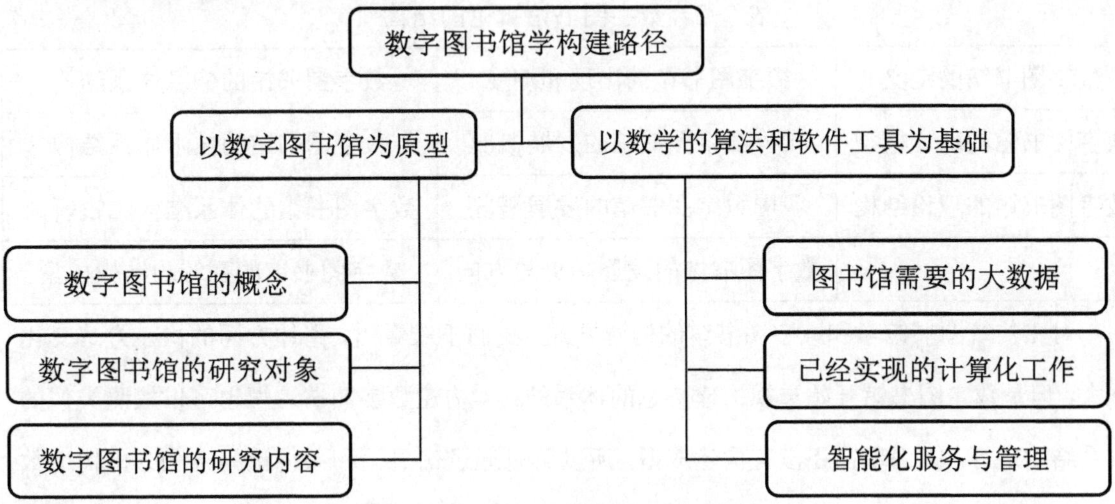

图 7-1　构建数字图书馆学的路径图

一、以数字图书馆为现实原型的构建路径

数字图书馆学的构建路径之一是以数字图书馆为现实原型进行相关构建。这就要求首先要清楚数字图书馆的基础理论，其次要了解数字图书馆中的数字化发展。在数字图书馆的基础上，明确数字图书馆学的概念、研究对象、研究内容和研究方法，形成完整的理论体系。

（一）传统图书馆学与数字图书馆理论的结构与内容

研究表明，传统图书馆是传统图书馆学产生的前提，传统图书馆学是建设数字图书馆的基础。由此是否可以推断数字图书馆亦是构建数字图书馆学的基础，因此构建数字图书馆学应该在充分理解传统图书馆学和数字图书馆的结构与基本内容的基础上进行。试图通过理论的概括窥测出数字图书馆学的内容。本书通过吴慰慈、董众编著的《图书馆学概论》和黄宗忠编著的《图书馆学导论》等图书馆学著作归纳出传统图书馆学的结构与内容，如表 7-1 所示。

表 7-1　传统图书馆学概论的结构

<table>
<tr><td>图书馆的研究对象</td><td>图书馆的形成与发展</td><td rowspan="2">新技术革命对图书馆学体系的影响</td></tr>
<tr><td>图书馆的学科形式</td><td>图书馆的体系结构</td></tr>
<tr><td>图书馆的相关学科</td><td>图书馆学定律</td><td rowspan="2">图书馆学学科体系的变革趋向</td></tr>
<tr><td>图书馆的研究方法</td><td></td></tr>
</table>

根据美国图书馆学家 William Y. Arms 编著，施伯乐、张亮、汪卫等译著的《数字图书馆概论》和过仕明、杨晓秋编著的《数字图书馆概论》、李培主编的《数字图书馆原理及应用》等关于研究数字图书馆的书籍归纳出数字图书馆的结构和主要研究对象，如下表 7-2 所示。

表 7-2　数字图书馆概论的结构

数字图书馆的定义	数字图书馆的出现和演变	数字图书馆的信息体系结构
数字图书馆的理论模型	国外数字图书馆的发展概况	数字图书馆的技术体系结构
数字图书馆的理论结构	我国数字图书馆的发展概况	数字图书馆的体系结构比较研究
	数字图书馆的发展趋势与方向	数字图书馆的系统的结构模型

对比传统图书馆学和数字图书馆的构建方式，我们不难看出，整体方面的构建方式变化不大，但是数字图书馆开始重视构建信息的体系结构，构建数字图书馆学也可以按照类似的体系结构进行。因为现在还没有构建成型，所以可以通过信息论和系统论的方法分析构造数字图书馆学。

（二）数字图书馆的概念

以数字图书馆为现实原型构建数字图书馆学，就要明确何为数字图书馆，所谓数字图书馆，就是对有价值的各类型数字信息资源和数据进行组织、整理和规范再加工，通过互联网技术进行多方向的跨库链接和高速的信息传递，提供数字信息资源的存取服务，促进社会各类信息高效、经济地传递，从而极大地方便人们的学习、交流和生活。

（三）数字图书馆理论研究

以数字图书馆为现实原型构建数字图书馆学，首先要了解数字图书馆的理论研究。国内外的图书馆界一直都在对数字图书馆的理论进行系统深入的研究，将目前较为分散的数字图书馆理论系统化，填补数字图书馆领域缺失的空白。国外的数字图书馆发展迅速，完全领先于国内。数字图书馆的建立使国内外学者都开始重视数字图书馆的教育问题，并且开设了数字图书馆基本理论课程，努力建设高校数字图书馆基本理论课程。系统地开展数字图书馆理论研究对培养专业人才，及时总结国内外数字图书馆实践经验，丰富数字图书馆基本理论，对促进数字图书馆的发展具有重要的意义。创建一套完整的、科学的数字图书馆理论，可以更好地指导数字图书馆的实践活动，使这项事业能在科学理论的指导下持续健康地发展，更好地建设中国数字图书馆工程。

对数字图书馆的理论研究，要从两方面入手。首先要明确数字图书馆的定义，虽然对数字图书馆的定义众说纷纭，但其主旨基本一致，就是为了方便人们的生活、学习和交流。其次要清楚数字图书馆理论研究的对象、研究的内容以及研究体系，才能建立一套完备的数字图书馆理论体系。

数字图书馆理论研究的对象是数字图书馆。虽然对数字图书馆的研究国内外一直都未停止过，但新的理论层出不穷。因此专家和学者需要从更多方面对数字图书馆进行研究，提出更加符合现当代社会发展的数字图书馆理论。对图书馆学研究的对象认识是一个连续的发展过程，应该用哲学的、发展的观点来学习和研究数字图书馆理论的研究对象。数字图书馆的理论研究内涵十分丰富，包含了数字图书馆的方方面面，是一个值得长久研究的问题。

数字图书馆理论研究对象决定了其主要的研究内容，简单说有以下九方面的内容：一是数字图书馆的理论研究。二是数字图书馆的概念研究。三是数字图书馆进展研究。四是数字图书馆的技术研究，包括 Web 技术、集成技术、数据技术等。五是信息资源的共建共享建设。六是数字图书馆的管理方法与服务模式。七是数字图书馆的人员安排。八是数字图书馆针对用户特点可以提供的用户服务和教育。九是建立与数字图书馆相关的规则和规范以及相关法律的制定。

构建数字图书馆的路径之一是以数字图书馆的现实原型为基础，所以数字图书馆的研究内容决定了数字图书馆学的研究内容。

二、以数学的算法和软件工具为基础的构建路径

一个纯粹的数字图书馆就可以看成是数据与运算的统一体。数字图书馆产生与发展主要源于现代技术条件下资源共享的内在要求和计算机技术的迅猛发展对数字信息进行有序化、结构化组织、自动化的要求，以及大数据信息浪潮对图书馆的冲击。大数据为图书馆的发展带来了诸多帮助，促使图书馆发生了重大变革。大数据是推动以数学的算法和软件工具为基础的构建数字图书馆学的主力军。

（一）已经实现的计算化工作

构建数字图书馆学的现实基础是数字图书馆。而数字图书馆的发展离不开大数据，大数据帮助图书馆创造的数学的算法和软件工具又是构建数字图书馆学的重要内容。数字图书馆究竟需要什么样的大数据，大数据又能给数字图书馆带来哪些帮助？包括：可以帮助图书馆建立风险模型，预估各类知识服务和业务建设；帮助图书馆分析用户的价值和流失程度；帮助图书馆建立新型的搜索引擎；帮助图书馆分析资源的状况并且预测未来的资源走向，建立更加智能的网络信息资源组织；帮助图书馆进行智能化分析及辅助决策。

大数据是构建数字图书馆学的重要内容之一。因此，在大数据的影响下，数字图书馆应该研究利用大数据支撑更高层次的管理与服务：将 RFID 射频技术嵌入图书馆的信息资源中，追踪、分析信息资源的使用情况；在图书馆的不同位置或环境下放置传感器，收集长时间积累产生的大量数据；图书馆可以通过互联网灵活地获取图书馆内的设备、资源、人员、用户的行为和需求，进行分析、决策；提高由于数据量增长之后所需要的存储和计算能力；数据的深度分析能力。

数字图书馆在大数据的推动下，已经具备了基本的算法和软件工具，常规的检索服务都已经实现。已经实现的计算化工作有最基本的检索系统；图书馆的门禁系统，可以及时统计图书馆的在馆人数等统计数据；馆藏结构的可视化等。数字图书馆学要研究大数据可以提供更高层次的算法和软件工具。

（二）数字图书馆的智能化管理与服务

要想数字图书馆能够更高效、快速地发展，建立一套科学完整的智能化管理系统是必不可少的。数字图书馆和传统意义上的图书馆一样，目的都是为读者提供服务。

数字图书馆管理办公自动化系统就是为数字图书馆的数字化管理建立一套完备的系统，包括读者服务的功能、虚拟咨询、OPAL 检索、新书通报等内容。数字图书馆管理自动化系统主要表现为：个人事务，包括电子信息、待办事宜、日程安排、个人通讯录；办公事务，包括人事管理、财务管理、会议管理、设备管理、公文审批；图书馆业务流程管理；公用信息服务；读者服务，包括读者意见和建议、新书通报、OPAL 检索、文献传递；馆藏资源利用统计分析，包括入馆人数统计、主页访问情况、网络数据库使用分析、图书利用及统计、各种网络调查表。

随着科学技术的发展和进步，传统图书馆向数字图书馆的逐步转型以及为了不断满足读者的需要，图书馆不仅建立起了完备的数字化管理系统，还不断引进并整合智能化代理、数据挖掘、专家系统等最新的技术手段，学习运用先进的机器设备，加快人工智能和信息服务的完整结合，目的就是为用户提供智能化服务。

所谓智能化服务，是指在网络环境下通过计算机模拟或实现类似于人的智能行为，为不同用户提供信息服务，智能化服务的核心就是以用户为中心。

智能化服务不同于传统图书馆服务的特征有以下几点：对于用户关心的问题，能够提前主动做出分析，预测用户的需求及所期望达到的目标，准确地描述出相关问题并且提供给用户使用；重视服务的对应性，对不同的用户需求制定不同的个性化服务；能自我学习、自我调整，不定期地、及时地更新知识库，使知识库完整、新颖。

智能化服务系统不是一个简单的系统操作过程，它是由智能断定、获取、精炼、开发创新、提供信息和信息应用效益评估等系统组成的完整的有机统一体。

不管在任何领域，科学技术都是第一生产力。数字图书馆的发展进步当然不能缺少技术支持，这也是推动数字图书馆发展的主要动力之一。在计算机科学技术和网络信息技术现有发展状态的支持下，数字图书馆的智能化服务日趋成熟。数字图书馆的智能化服务包含的一些主要技术有智能代理技术、数据挖掘技术、数字资源整合技术、智能检索技术、信息过滤技术、智能推拉技术以及信息安全技术等。

目前为止，不论是传统图书馆还是数字图书馆，所提供的智能化服务都离不开先进技术的支持。因此，在数字图书馆的建设过程中，要自觉地以科学技术为指导，密切关注新的科学技术的发展动态，不断探索研究，充分合理地与数字图书馆相结合，在实践的基础上创新与发展，提高智能化服务的能力，促进其快速发展。最终目的就是为了更好地满足用户的需求。

大数据近几年比较流行的一个词语是提供智能化管理与服务的条件，那何为大数据呢？简单地说，大数据，也可称为巨量资料，指的是一种拥有海量、高增长率、多样化的信息资产，只有通过更强的洞察力、决策力和流程优化能力才能处理。

因为各类信息资源发展越来越丰富，图书馆需要处理的信息资源也日趋庞大，当所有需要处理的信息资源达到相当程度的规模时，大数据也就应运而生了。因此，作为更为先进，要求更高的数字图书馆更需要大数据作为技术支持。

大体来说，数字图书馆的信息资源包括传统文献资源的数字化、全文数据库、电子资源类型的图书、音像视频资料、光盘数据，还有其他复杂的网上资源等。随着时间的推移，数字图书馆的信息资源不断积累，再者，计算机技术的发展和社交网络的不断更新使各类用户产生的信息资源也越来越多。同时，要想极大地改善用户对数字图书馆信息服务的满意程度，必须要建立以大数据为基础的数字图书馆信息服务体系。要对大数据环境下的数字图书馆的信息服务内容做出改变，主要包括信息资源的采集、信息资源的存储、信息资源的组织和信息资源的检索四个方面。

在现有的大数据背景下，数字图书馆的服务要求必须具备能够从复杂繁多、更新速度极快的庞大信息系统中，快速准确地定位获取到有用的信息及时地反馈给用户。因此，数字图书馆的信息服务工作在大数据环境下必须具备主动服务意识、构建交互式共享平台、个性化信息推送服务的特征。数字图书馆在大数据环境下的信息服务工作可以从数据、信息、知识和智慧四个层次展开服务，建立信息资源、学科知识、信息可视化和智慧化服务的一站式服务模式。

构建数字图书馆学的第二条路径是以数学的算法和软件工具为基础，大数据是提供数学的算法和软件工具的前提条件。因此大数据将是数字图书馆学的研究内容。

第三节　数字图书馆学的构建内容

科学研究发展成熟所产生的产物就是学科，也并不是所有的研究领域最后都能形成专门的学科。一门学科的创建必须具备完全属于自己的研究对象、研究内容、研究方法和规范的学科体系。对数字图书馆来说，已经具备了研究对象和研究内容以及系统的理论的研究，仅仅需要引入数字图书馆学这个学科概念来建立一套规范的学科体系。因此本文认为，在当前的学术环境和研究条件下，引入数字图书馆学概念是可行的，也是必要的。构建数字图书馆学是一个长期艰巨的课题。本文基于实践与理论的现实认为，数字图书馆学是传统图书馆学和现代图书馆学的继续，由于它尚处于潜在的零散的状态，无法全面科学地预见它的全部未来的形态与内容，但是目前我们还是可以合理地展望到一些主要的发展方向和趋势及重要课题等。

要想引入数字图书馆学这个概念，首先得符合科学的基本条件。因为学科的建立离不开科学。学科的规律取决于科学本身的规律，学科走向的基础是科学的发展。科学研究是问题产生的基础。有问题的地方，自然而然也就会有科学和学科的研究。学科的发展滞后于科学，即先有了科学的研究发展，才有了学科的研究建立。那何为科学？科学是以概念、范畴、定理、定律建立的，能够把握客体本质及规律的过程和结果的知识体系，是人类精神活动和社会意识的形式之一。科学不同于其他社会意识形态，它具有客体规律性，有其自身的概念、规律及理论和逻辑的研究方法，让人们能够准确地认识主体与客体之间的关系。科学还具有系统性，可以科学合理地指导人们从事各种实践活动。从对科学的认识中，我们可以准确地定位到目前我们广泛研究的数字图书馆也具有上述的特征和科学的基本要素，有自己的研究范畴，有自己的研究规律和研究方法，有自己的理论研究基础作为支持，也有越来越多的科学技术作为支撑条件。具有科学的基本属性和基本功能，不违背科学的基本原则和理论，能够指导人们更好地研究数字图书馆中的各种问题。这些都是引入数字图书馆学的条件。因此，数字图书馆学要想作为一门学科，必须具备自身的研究对象、研究内容、研究方法和体系结构，还要清楚自己的性质及发展的趋势。必须要有自己特有的研究规律。引入数字图书馆学概念，我们首先要明确的是研究数字图书馆学是为了解决什么问题。本文认为数字图书馆学所要解决的问题是大数据和大数据带来的海量数据将成为数字图书馆学的研究内容及其带动的新的数学算法和软件工具的产生，为图书馆的管理与服务提供帮助。

一、数字图书馆学的概念

根据现有的关于数字图书馆的研究内容和成果来看，数字资源是数字图书馆研究的中心内容，包括有数字资源的建设、数字资源的组织和数字资源的利用问题。这三个问题归根结底都与数字资源的有序流动关系密切。据此可以认为数字资源的有序流动这一规律包含了数字图书馆所研究的基本内容。

随着数字化时代的到来，越来越多的领域开始关注并应用大数据技术，各种类型的数字资源的信息服务机构层出不穷，如各类型的数据库生产商、网站、电子出版物的出版商等，但它们跟数字图书馆之间却有着本质上的区别，信息服务机构仅仅是对大量数字信息资源进行全面的收集和简单的整理，却不对数字资源进行有序化。这就是数字图书馆与数字资源的信息服务机构从根本上的不同，数字图书馆的基本功能就是将各种数字资源整合到一起，集成各种有序化的信息数据库，然后再完整地提供给广大用户使用。

只有有效地利用收集到的大量信息资源，才能发挥其应有的价值，数字图书馆之所以能够成为数字图书馆，就是因为其中的所有资源都不是处于静止的状态，而是处于一种有序流动的状态，这种有序流动能够保证数字资源的快速传递，这是数字图书馆的基本任务。

通过以上分析和理解，本书认为数字图书馆学是以数字图书馆为对象而形成的知识体系，以数据的存在，研究数据的分析、运算和推理，并且提供计算的目的、算法、工具和人工智能服务。研究数字图书馆内所包含的一切相关内容，包括所有信息资源的收集、整理、组织、存储和利用；数字图书馆的管理、服务以及数字图书馆所应该运用的各种数字化技术等。数字图书馆学是一门独立的学科，用于研究人类社会生活中纷繁复杂的大量数字化信息资源的有序化、存储、管理和服务的新兴学科体系。

二、数字图书馆学的研究对象

确定了数字图书馆学的概念，接下来要确定研究对象是什么。既然前文明确了数字图书馆学的研究对象就是数字图书馆，那么只要是与数字图书馆有关的全部内容都应该成为数字图书馆学所研究的内容，但是数字图书馆包含的内容、技术特别广泛，其中的一些内容已经建成专门学科分支，数字图书馆学就不再予以讨论和研究，仅将其视作相关学科辅助数字图书馆学的研究，如计算机信息科学、网络科学和数字化技术等。数字图书馆学研究的基本内容要区别于其他学科，有自己的特色，主要应该围绕数字资源进行研究。因此本书认为数字图书馆学的研究对象主要有：一是基于数字资源本身的共享性、安全性以及评价标准等；二是围绕数字资源的信息系统建设、检索语言及检索工具以及数字资源的存储和剔除技术等；三是以服务为核心的数字图书馆学的管理与服务及数字图书馆用户教育和用户服务等；四是要研究大数据在图书馆中应该如何应用，因为大数据是数字图书馆学兴起的重要内容。

三、数字图书馆学的体系结构

学科体系构建从知识性讲主要包含两部分，即构成科学学术体系的各个分支和在一定研究领域生成的专门知识。建设数字图书馆学的学科体系结构要区别于其他学科，有自己独特的特色，本书基于数字图书馆学的研究对象认为该学科主要有三大学科分支（图 7-2）：一是数字信息资源；二是信息处理；三是信息服务。其中数字信息资源是数字图书馆学的核心，信息处理技术与信息服务是两个衍生门类。而该学科所包含的研究知识点主要有：一是要研究建立一个适合各种类型的集成数据库系统，形成统一规范。二是要研究形成一套标准的、规范化的检索语言和方便使用的检索工具，以提高数字资源的检准率和检全率，还要做到节省时间。三是要积极研究数字信息资源的存储技术，为数字信息资源的合理存储和利用提供良好的环境技术支持。四是要研究数字信息资源的共享问题，建立适合更大范围的资源共享的框架，达成共享条件，最终以某种协议实现资源的共享。五是要研究数字信息资源的安全性。六是关于相关数字化服务文化的研究。七是要对所研究的数字图书馆的数字资源的质量形成一套科学合理的评价标准，对所存储的和即将录入的数据进行综合分析、评价。八是要建立便于服务和管理的计算系统，使图书馆的工作更加方便快捷。

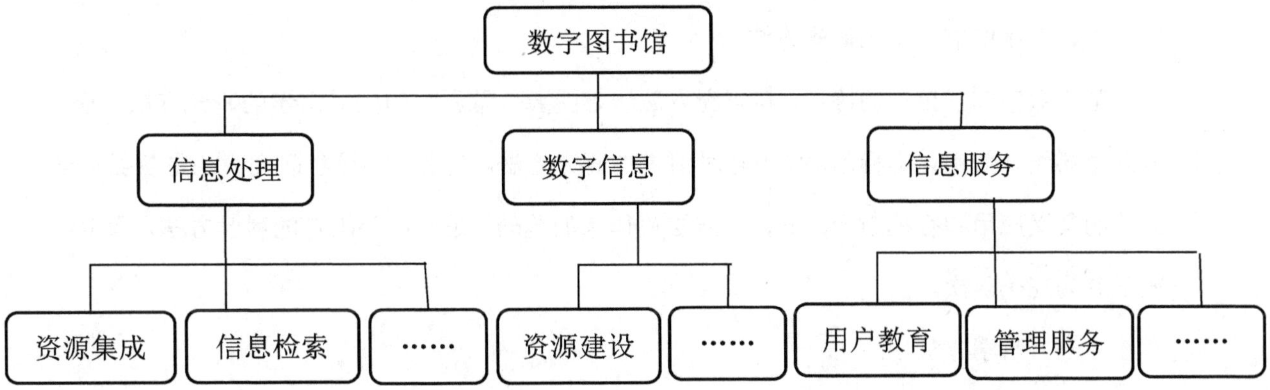

图 7-2　数字图书馆学体系结构示意图

四、数字图书馆学的学科性质

对数字图书馆的学科归属问题每个学科的研究者都有其各自的理由，众说纷纭，到目前都没有定论。由于数字图书馆涉及的研究领域不局限于某一个学科领域，而是多学科、多种技术的综合运用，使得我们不能单一片面地归类数字图书馆，也不能仅仅凭借自身原有的知识体系来对数字图书馆进行理解。如果引入了数字图书馆学这一概念，上述论及的所有问题都得到了解决，我们就不需要再去争论数字图书馆到底应该归属于哪类学科，它的全部内容都归属于数字图书馆学，与图书馆学、情报学、计算机科学等相关学科是一种并列关系。

五、数字图书馆学的具体研究领域

在大数据的推动下，数字图书馆实现了智能管理与智能服务。因为大数据是数字图书馆学研究的重要内容，所以数字图书馆学的具体研究领域应包括智能管理研究和智能服务研究两部分。

数字图书馆学的具体研究领域中，关于智能管理的内容应该主要研究数字图书馆管理系统中，如何以数学的算法和软件工具解决个人事务、办公事务、图书馆业务流程管理、公用信息管理、读者管理和馆藏资源利用统计分析问题。

数字图书馆学的具体研究领域中，关于智能服务的内容应该主要研究数字图书馆如何运用大数据环境下产生的最新算法和工具主动对用户关心的问题做出分析，预测用户的需求及所期望达到的目标，准确地描述出相关问题并解决问题；制定不同的个性化服务；及时收集汇总最新知识内容，对数据库进行更新。如 citespace 等专门软件，如果嵌入数字图书馆的系统中就可以非常轻松地解决问题；Vosviewer 科学图谱工具等可视化软件，可以生成三种基于文献计量关系的图谱：作者或期刊的共引关系图，关键词共现关系图，其主要特点为图形化展现的方式较为丰富，显示清晰，使得文献计量学的分析结果更易于揭示。数字图书馆学就是要提供这样的目的、任务、算法以及智能计算工具。

六、数字图书馆学的研究方法

基于数字图书馆学的特点，其研究方法一方面要传承原有的图书馆学的研究方法，另一方面也要结合数字化等特色，采用与时俱进的研究方法。数字图书馆学研究方法是各类科学方法的交叉应用和有机结合，是科学方法论体系的范畴，是专门及固定的科学方法。通常情况下分为三个层次。

（一）哲学方法

在其他各个学科的发展史中，已经不止一次地证实，马克思主义的唯物主义世界观和科学辩证法是每一个学科赖以发展的系统性指导原则。在其指导下，用联系和发展的眼光看待问题，在实践的基础上认识和改造客观存在的世界，是本学科的基本研究方法。现如今，随着数字技术的逐渐发展及网络技术的不断发达，社会各界人士开始把研究的视线从传统型的图书馆学转向数字化的图书馆学，进而从“数字化”的视角来探讨“知识、文献、图书馆、科技、读者”五者的关系，用来研究数字图书馆的本质及其内在规律。哲学方法在研究图书馆学过程中起到奠基的作用，是马克思主义在本学科的具体体现。进行相关问题研究的时候，从唯物辩证的角度来考察数字化和图书馆及其相互之间的联系，再如，数字图书馆的管理也可用到运用马克思主义的质量观的相关内容等。因此，运用哲学方法来思考问题对于紧扣本学科研究的主题内容，揭示本学科的基本属性与发展方向，起到了至关重要的指导性作用。

（二）一般方法

主要包括历史、数学、系统方法等。其中历史方法作为研究图书馆学中最为重要基本的方法，也是数字图书馆学的一般性研究方法之一。要深刻全面地把握物质的本质属性，不仅要深入研究物质现有的状态，还要对物质的历史进行考察。所以数字图书馆学与其他学科在这个方面上一样，不仅要对历代图书馆学文献进行研究，而且在其研究基础和知识体系的积累上对数字图书馆学进行丰富发展。之前，针对图书馆学的研究大都停滞在相关经验的描述和定性分析的状态下。但就计量分析而言，是把数学方法运用在图书馆学的研究当中的典型。比如图书馆学统计法，就是在研究图书馆学的过程中加入数字方法的一个具体体现，进而形成的带有图书馆学特点的专门研究方法。因此数学方法同样可以运用到数字图书馆学当中。系统方法是从系统的角度出发，始终着眼于整体与部分之间互相关联、互相作用、彼此制约的关系中，全面地、准确地考察每一个对象，目的是达到最优化的处理问题的某种方法。而针对数字图书馆学的研究必定要着眼于整个学科的整体以及学科分支等的情况下进行相关的综合研究，因此该方法也可以适用于数字图书馆学研究。

（三）特殊方法

特殊方法是针对数字图书馆学这一新的学科所采用的比较特殊的研究方法，主要有移植法、开拓法等。移植法，是指把其他相关学科中的理论、方法或技术转移加以应用，以便用来研究和解决本学科内相关问题的一种方法。这是借他山之石以攻玉的一种积极有效的方法。移植法的运用可以有效地促进数字图书馆学的进步。例如，在进行数字图书馆学的研究过程中，势必要运用计算机信息科学、网络科学和数字化技术等方面的方法。开拓法指的是主要针对科学领域“无人区”研究的一种科学方法。所谓科学领域的“无人区”，或指新出现的研究领域，或指浮现的新的问题，或指尚未有人探索过的课题，或指本学科中研究较少的薄弱环节等。而这样的“无人区”，在数字图书馆学的领域是大片存在的。比如数字图书馆在数字化方面的技术建设、数字图书馆管理与服务以及有关方面的制度建设等都属此类。针对这类问题的研究，因为在此之前几乎没有相关内容的研究，所以与此有关的成果非常少，甚至可以说是空白的存在，相关资料十分匮乏，因此就需要相关研究人员开拓创新，开拓出新的方法去解决新的问题。

参考文献

[1] 范并思．公共图书馆的制度研究：十年回顾与述评[J]．图书馆杂志，2013（7）．

[2] 蒋永福，王株梅．论图书馆制度——制度图书馆学若干概念辨析[J]．中国图书馆学报，2005（6）．

[3]张颖．略论现代图书馆制度的研究框架[J]．高等函授学报：哲学社会科学版，2008（12）

[4]蒋永福．制度图书馆学：概念、内容、特点与意义[J]．图书馆，2009（6）．

[5]康庆余．试谈人性化管理与图书馆规章制度[J]．内蒙古科技与经济，2008（14）．

[6]李桂华．论图书馆服务制度之价值创新[J]．国家图书馆学刊，2010（3）．

[7]刘燕．中美公共图书馆制度比较研究[D]．昆明：云南大学，2013.

[8]屈文，王梅．论图书馆的“制度安排”[J]．图书馆建设，2008（12）．

[9]王晶．“制度图书馆学”研究综述[J]．图书馆学研究，2009（2）．

[10]原付林．图书馆学科馆员制度当议[J]．图书馆工作与研究，2005（5）．

[11]张慧玲．浅谈晚清时期书院藏书图书馆化[J]．兰台世界，2012（18）．

[12]范云满，马建霞，曾苏.基于知识图谱的领域新兴主题研究现状分析[J]．情报杂志，2013（32）．

[13]施国洪.移动图书馆研究回归于展望[J]．中国图书馆学报，2014（3）．

[14]张广钦.民营图书馆的界定、类型与研究现状[J]．图书情报工作，2008（51）．

[15]刘敏.我国真人图书馆现状研究与趋势[J]．当代图书馆，2014（1）．

[16]范并思.阅读推广的理论自觉[J]．国家图书馆学刊，2014（6）．

[17]刘丽斌.智慧图书馆探析[J]．图书馆建设，2013（3）．

[18]乌恩.智慧图书馆及其服务模式的构建[J]．情报资料工作，2012（5）．

[19]王世伟.再论智慧图书馆[J]．图书馆杂志，2012（11）．

[20]蒋玲.我国民营图书馆的现状及其发展策略探析[J]．图书馆建设，2011（4）．

[21]江云，李凤兰.大数据在我国图书馆的应用及推进研究[J].图书馆工作与研究，2014（6）．

[22]唐野探.我国真人图书馆发展现状、问题及对策研究[J]．图书馆建设，2013（1）．

[23]王妍.真人图书馆在公共图书馆的应用思考[J]．图书馆建设，2015（8）．

[24]刘姝.泛在图书馆环境下学科馆员泛在化服务的实践[J]. 大学图书馆学报，2012（2）.

[25]卞丽芳，卢章平.传统图书馆与泛在图书馆比较研究[J]. 图书馆杂志，2013（7）.